JN436591

수선화이야기

Narcissus Story

김정균 지음

세종출판사

수선화 이야기

나르키소스를 쫓아
숲속을 헤매던 어제에서
이제는 숲속의 고요함으로 돌아갑니다.

그 고요함 속에서
붉게 타던 영혼은 식어
이슬이 되고
반짝이는 추억이 되어
순례자들의 식탁에 오릅니다.

화학으로서 일해 왔던 삶에 감사드리며
그동안 베풀어 주신 많은 것
껴안지 못해 힘들었던 것 그리고
나머지 것들 모두
그리움 안에 묻어둡니다.
감사와 함께

김 정 균

예수님께서

말씀을 마치시고 나서

시몬에게 이르셨다.

“깊은 데로 저어 나가서

그물을 내려 고기를 잡아라.”

시몬이

“스승님, 저희가 밤새도록 애썼지만

한 마리도 잡지 못하였습니다.

그러나 스승님의 말씀대로

제가 그물을 내리겠습니다.”

하고 대답하였다.

루카복음 5장4-5절

목차

스승의 목소리

실리콘학계에서 많은 업적을 남겼던 비베르크(N. Wiberg, 1934-2007)교수[1)]가 쓴 화학교과서의 표지에는 다음과 같은 인용구가 적혀있다. "과학은 영구기관을 찾고 있다. 과학은 그것을 발견했다. 그러나 그것은 과학 스스로일 뿐이다(Die Wissenschaft sucht nach einem perpetum moble: Sie hat es gefunden. Sie ist es selbst.)."[2)] 평범한 이야기 같지만 요즈음처럼 실용의 가치가 학계를 압도하고 가치로서의 소중한 학문들이 설자리가 모호해져가는 우리의 과학 환경에서 이 가르침은 한번쯤 깊게 생각해봐야 할 주제가 아닌가한다. 그는 자기 교과서에서 제시한 대로 과학이 과학 스스로를 위하는 길을 갈 때 과학은 진정으로 발전될 수 있다는 것을 끊임없이 강조하셨고 이러한 가치들은 실용과학보다 앞서 발전하고 있다는 것을 몸소 실천하신 분이셨다. 비베르크 교수의 연구는 유기규소화학의 화학적 가치에 대한 분야로서 그가 세상을 떠나실 때까지 한 번도 실용에 대한 유혹에서 흔들림이 없으셨다. 요즈음처럼 유기규소화합물들이 상용화된 기저에는 이러한 학술적 연구가 실용화학의 기초가 되었다는 것은 두말할 것도 없다.

그의 가르침 중에는 과학과 예술의 비교가 항상 함께하였다. 그는 예술계에서 당시엔 흥행에 실패했던 작품들이 세월이 흐른 다음 크게 인구에 회자되는 것을 종종 볼 수 있음을 예를 들어 말씀하시곤 하셨다. 그는 이런 현상을 두고 예술의 진정한 가치는 청중 속으로 빠져드는 일시적 흥행 혹은 대중의 반응과는 거리가 먼 오직 가치(ars gratia artis)[3]에 그 목표가 주어질 때 비로소 이루어질 수 있다는 것이다.

그럼 과학은 어떤 모습이어야 하는가? 우리는 1919년 1차 대전이 막 끝난 상황에서 당시 적국의 과학자인 아인슈타인의 상대성원리를 증명하기 위해 아프리카로 향하던 영국의 천문학자 아서 에딩턴 경(Sir. Athur Eddington, 1882-1944)[4]과 그에 대한 연구지원을 약속한 왕립연구재단의 결정을 기억하고 있다. 그의 험난했던 아프리카 행을 쳐다보는 사람은 아무도 없었다. 그러나 그의 발견 이후 신문은 "과학의 혁명, 우주에 관한 새로운 이론, 아인슈타인 이론의 승리, 뉴턴의 만류인력의 이론은 무너졌다,"라는 다양한 기사로 에딩턴 경의 연구결과를 다루었다. 그의 발견은 적국의 과학자 아인슈타인의 새로운 중력 이론을 실험에 의해 증명해준 결과로서 새로운 물리 시대가 시작되었음을 알리는 하나의 사건이었다. 에딩턴 경의 연구여정은 단순히 과학자의 호기심에서 출발한 험난한 길이었지만 그 길은 과학자의 영혼이 왕래하는 길이었다. 영국이 허락했던 에딩턴경의 연구는 비록 적국의 과학자를 돕는 길이었지만 어떤 것에 의해서도 제한되지 않았다.

그 길은 백년 후에 실용적 가치가 부여될 수도 있다. 그 길은 또 영원히 실용의 가치로는 나타나지 않을 수도 있다. 아서 쾌스틀러(Arthur Koestler,1970)[5]는 "과학자의 발견은 마치 작곡가나 화가가 혼돈 속에서 그의 질서를 부과하듯 혼돈 속에서 그들의 질서를 찾아가는 과정이다."라 하였다. 그 혼돈 속에서 질서를 찾아가는 과학자들의 여정에는 멋진 홈런을 날린 타자의 화려함 같은 것은 없다. 그들의 길은 오히려 산을 오르는 외로운 등반가의 길과 같을 것이다. 그 바탕엔 원자에서 우주의 많은 별들에 이르기 까지, 물질의 작은 행동에서 번쩍이며 하늘을 메우는 번개에 이르기까지, 갈라파고스의 원시생물에서 아프리카의 초원에 이르기까지 모든 것이 하나의 합리성으로 설명되어야한다는 것과 그 영역을 넓혀가는 것이 바로 과학의 의무임이 깔려있다. 가치로서의 과학을 위해 오랜 세월동안 과학자들이 노력해온 이 길은 혼돈 속을 비추는 한줄기 빛과 같을 것이다.

올해를 마감하는 날이다. 매년 가을이면 우리에게는 왜 노벨상이 없는가하고 반문한다. 그러나 그에 앞서 우리는 기초학문에 대해 얼마나 많은 관심과 지원을 해왔는지 먼저 생각해봐야한다. 그리고 그 발전을 위해 우리는 지금 어떻게 해야하는지를 깊게 고민하는 연말이 되었으면 한다.

---

1) 닐스 비베르그(Nils Wiberg, 1934~2007): Ludwig-Maximilian-University (München, Germany)의 교수. 무기화학자로 규소화학의 안정성을 연구하신 분. 그의 저서로서는 무기화학의 사전적 교과서인 Holleman-Wiberg, Lehrbuch der anorganishen Chemie, 102 Auflage, Walter de Gründer, Berlin, 2007가 있다.

2) Victor Hugo의 작품 "Salm"에서 유래된 것으로 과학의 순수성을 일컫는 말로 인용됨.

3) 예술을 위해서(ars gratia artis) 영어로는 "art for art's sake". 예술을 위한 예술, 예술지상주의 등으로 번역되는 관용구.

4) 아서 에딩턴 경(Sir. Athur Eddington, 1882~1944): 잉글랜드 켄틀 출생. 케임브리지 대학 교수, 케임브리지천문대의 대장. 영국의 천문학자, 이론물리학자. 주요저서: 시간, 공간, 중력(1920), 상대론의 수학적 이론(1923), 팽창하는 우주(1933) 등이 있다.

5) 아셔 괘스틀러(Arthur Koestler,1905~1983): 헝가리 출생 영국의 언론인. 주요저서: 정오의 어둠(1940), 도착과 출발(1943), 밤의 도둑(1946), 갈망의 시대(1951)등이 있다.

자운영꽃밭

이른 봄 어쩌다 고향에 들려 논바닥 가득 펼쳐진 진초록 바탕 위로 빨간 자운영 꽃이 흐드러지게 핀 들판을 보고 있노라면 나도 모르게 발길이 닿는 대로 옛날 그 논두렁길을 따라 걸어본다. 아직도 여기저기 아버님께서 남기고 가신 삶의 편린들이 흩어져 있는 듯싶어 지나간 추억들을 그 위에 살며시 대어 보면 아버지는 가을이면 이장 댁에서 가져와 창고에 넣어두었던 까만 깍지가 덥힌 자운영 씨를 겨울이 채 가기도 전에 질퍽한 논바닥에 뿌리곤 하셨다. 그리고 햇살이 제법 따뜻한 봄이 오면 연초록으로 풍성하게 잘 자란 자운영 밭을 갈아 업고 그 자리에 못자리를 일구어 볍씨를 뿌리던 기억이 지금도 생생하다.

자운영이 이처럼 녹비로 사용되는 것은 식물에 침입하여 뿌리의 조직을 군데군데 크고 뚱뚱하게 만드는 박테리아 때문이다. 이 박테리아는 콩과식물과 공생하여 질소를 고정시키는 세균이다. 자운영과 같은 콩과식물의 뿌리 속에서 사는 뿌리혹박테리아는 공기 중에 있는 기체 질소를 물에 녹을 수 있는 질소성분으로 바꿔서 식물이 흡수할 수 있게 하는 동화작용에 관여한다. 이 세균이 콩과식물에게 먼저 질소화합물을 공급하면 콩과식물은 세균의 증식에 필요한 탄소화합물들을 공급하여 서로 공생관계가 형성된다.

우리가 살고 있는 지구의 공기는 약 80%의 질소와 20%의 산소로 구성되어 있다. 얼마 안 되는 미량 성분을 포함하지만 산소는 물에 소량 녹아 물고기부터 작은 수생박테리아에게 산소를 공급한다. 그러나 공기 중의 질소는 물에 녹지 않아 식물의 영양공급에 전혀 도움이 되지 못한다. 물론 최초의 원시 생명체가 탄생하는 과정에서 첫 단초는 질소고정에서부터 시작되었지만 그 과정은 10억년이라는 길고 긴 시간과 태양광에 의한 이산화탄소와 질소화합물의 결합으로부터 시작되었을 것으로 추정하고 있다. 그 결과로 생성된 질소-탄소-산소로 이루어진 펩티드(peptide) 결합은 지금도 생명체의 기본 골격이 된다.

질소가 이런 극한적 환경의 도움 없이 물에 녹을 수 있었다면 생명체의 구성성분은 지금과는 아마도 많이 달라져 있을 것이다. 하여간 물에 용해될 수 없는 공기 중의 질소를 수용성 질소화합물로 만드는 과정이 바로 식물에게 질소성분을 공급하는 비료를 만드는 과정이다. 박테리아를 이용하여 자연은 이 일을 쉽게 하지만 화학공정에 의한 수용성질소화합물을 만드는 과정 즉 질소고정법은 어렵고 많은 에너지가 소모된다. 자연적인 것과 인위적인 것의 차이이다.

예를 들면, 전기방전을 이용하여 질소를 고정하는 방법은 흔히 볼 수 있는 방법으로 비 오는 날 번개가 치면 공기 중의 질소는 높은 전기적 에너지에 의해 산소와 반응하여 물에 녹는 질소성분을 생산해 내는 것과 같은 방법이다. 그러나 이 방법은 낮은 효율로 공업화 할 수는 없다. 가장 흔한 질소고정법은 질소와 수소의 혼합물을 300기압에서 약 500℃ 의 극한에너지를 공급하여 암모니아를 만드는 방법이다.[1] 이 방법은 공업적으로도 크게 성공한 방법으로 현재도 질소비료를 만드는 기초공정으로 사용되고 있다. 또 다른 방법으로는 우리나라에서 전기가 모자라던 시절 포장마차를 밝혀주던 카바이드를 공기 중에서 가열하면 공기 중의 질소를 흡수하여 생기는 석회질소법이다.[2] 이 방법은 화약을 만들 수 있는 재료로도 쓰이지만 질소를 고정시키는 쉬운 방법으로 현재도 사용되고 있다. 이처럼 공기 중의 질소기체를 물에 녹을 수 있는 질소성분으로 바꿔주는 공정은 어렵고 위험하다. 우리의 선조들은 경험에 의해서 박테리아를 이용한 질소고정법을 알아냈지만 자연에 존재하는 모든 상관관계는 우리의 상상력을 초월한다.

어린 시절 긴 논두렁길을 뛰어다니며 보았던 그 진초록의 자운영 밭도 이제 값싼 화학비료에 밀려 거의 볼 수가 없다. 긴 세월의 소용돌이가 여러 번 지나고 아버지께서 볍씨를 뿌리던 그 땅에도 이제는 드문드문 집들이 생겨 옛 풍경은 거의 사라지고 없다. 해 질 녘 들판을 돌아 나오는 발걸음 뒤로 그 때 논을 갈아엎던 소가 뒤돌아보며 송아지를 부르던 느릿한 울음소리가 환청이 되어 귓가를 맴돈다.

---

[1] 1909년 하버(Fritz Haber, 1868~1934)에 의해서 발견된 방법으로 물을 전기분해해서 얻은 수소와 공기 중의 질소를 반응시켜 질소비료의 원료인 암모니아를 만드는 방법이다. 하버는 바스프(BASF)사의 연구원이었던 카를 보슈(Carl Bosh, 1874~1940)와 협력해 암모니아를 대량생산하여 비료의 대량공급을 가능하게 하였고 그 결과 유럽의 농경지에서 생산되는 식량의 생산량을 6배 이상 증산시키는데 기여하였다.

[2] 카바이드 (CaC_2)를 공기 중에서 높은 온도로 가열시키면 공기중의 질소가 카바이드와 반응하여 $CaCN_2$ 칼슘시안아마이드를 형성하게 된다. 이 물질은 약 20%의 질소 성분을 가지며 물에 녹아 알칼리성 비료로 작용한다.

알록조개의 고향

알록조개 입 맞추며 자랐나! 눈이 바다처럼 푸를 뿐더러 까무스레한 네 얼굴/ 가시내야/ 나는 발을 얼구며/ 무쇠다리를 건너온 함경도 사내… 이용악(1914-1971)[1)]의 "전라도 가시내"라는 시의 첫 구절이다. 알록조개 입 맞추며 살았을 것으로 여겨지는 그 가시내의 고향포구에 잠시 생각이 머문다. 갯벌이 아침해살에 눈부시게 반작이고 저만치 선창엔 저자가 열려 항상 보던 사람들이 무언가 사고파는 포근한 어촌의 아침풍경이다. 이런 곳 어디엔가 살았을지도 모를 가시내가 간도까지 가버린 사정은 알 수 없지만 선창이 있는 작은 포구는 그래도 풋풋한 세상사는 맛이 느껴지는 내 마음의 고향이다.

필자가 초등생 시절에 버스를 타고 꼬불꼬불한 비포장 해안길 따라 이런 작은 포구 언저리에 있던 친척집엘 가면 동래어귀엔 모래언덕이 있고 어린친구가 멀리서 왔다고 바닷물에

구르고 굴러 다듬어진 하얀 바탕에 빨간 줄무늬가 그어진 알록조개를 주어 주렁주렁 한 꿰미 엮어 목에 걸어주던 또래 아이들이 생각난다.

그러나 나의 어린시절 고향포구에 대한 추억이 그 목걸이처럼 주렁주렁 달려있던 그곳은 지금은 흔적도 없이 사라져버렸다. 알록조개를 줍던 바로 그 모래언덕엔 현대식 제철소가 들어서 있고 그 주위는 도심의 한복판이 되어버렸다. 그곳에 살던 해풍에 그을려 가무잡잡하던 아이들은 모두 뿔뿔이 흩어져버렸고 지금 그곳에 살아가는 사람들 중에는 그 누구도 그리 멀지않은 옛날에 그곳이 나의 추억이 담긴 알록조개의 고향이라는 것을 아는 이는 아무도 없다. 흩어져 떠난 사람들은 어찌 그들뿐이랴. 나도 고향을 떠나 내 생각이 머물던 곳을 향해 가버렸다. 그리고 그 가난했던 시절 그 포구의 추억은 내 청년기에 늘 따라다니던 곶감과 할머니의 추억 같은 것이었다.

필자가 유학시절 독일과 프랑스의 접경에 있는 쟈브르켄(Saarbrucken)이라는 도시에 있는 제철소를 구경할 기회가 있었다. 그 제철소는 당시 녹슨 고철 덩어리처럼 보였고 거의 폐쇄되고 특수강만을 위한 일부 프로젝트가 운영되고 있다고 했다. 한때는 제철왕국으로 독일을 가장 독일답게 해주었던 철의 도시였지만 황량한 바람만 골목을 스치던 기억이 무척 인상적이었다. 그 도시도 지난 세월 이차대전에서 패전의 대가를 톡톡히 치른 곳이다. 독일이 자랑하던 제일의 용광로 위에는 필자가 그곳을 방문할 당시 수령이 30년은 족히 되 보이는 보리수나무가 녹슨 고철덩이 위에 덩그러니 자라고 있었다. 그 곳이 바로 뜨거운 쇳물이 쏟아지던 용광로였다는 것이 세월의 아이러니로 느껴질 뿐이었다. 철의 왕국으로 불리던 독일이지만 세월은 그들에게 또 다시 기회를 주지 않았다. 전쟁 중 독일의 제철공장들은 군수산업으로 간주되어 인조고무와 질소화합물을 생산하던 도시들과 함께 완전히 파괴되었고 전쟁 후 상당한 기간 동안에는 독일은 이런 물자를 만들 수 없었다. 그 후 독일은 다시 철의 강국으로 돌아가지 못했다. 역사는 그렇게 흘러가고 그런 가르침을 주는 현장이 독일에는 그곳 말고도 여러 곳 있다. 전쟁 중 전 도시의 80%가 붕괴되어버린 베를린의 한 복판에 서있는 추억의 교회(Kaiser-Wilhelm-Gedächtniskirche)도 “우리는 이 전쟁을 잊지 말자”는 상징적 건물로 파괴된 모습 그대로 남아있다. 유태인을 가두고 고문하던 수용소들도 역사가 가르쳐주는 교훈을 전하기 위해 원형대로 남겨두고 있다. 특히 뮌헨(München)에서 북쪽으로 16km 쯤 떨어진 딱하우(Dachau)의 유대인집단 수용소(Konzentrationslager)는 지금도 매우 인상적인 모습으로 남아있다. 그러나 그곳엔 용서(Versöhnung)[2]가 있다. 유대인을 처형하던 가스실 앞에 후세사람들이 세운 용서의 교회(Versöhnungskirche)가 추한 역사 앞에 숙연하다.

이 세상 어디에도 완전한 것은 없다. 다시 고향에 돌아와 남해대교를 건너 우리의 다도해를 쳐다보고 있노라면 물위에 뜬 섬들과 해안선이 그림처럼 아름답다. 그러나 그 알록조개의 고향은 왼지 아름다운 풍경화속의 한 점 추상화 같다. 신이 만든 도시인 자연은 문제가 없다. 그러나 그 자연 속에 세운 인간의 도시는 항상 문제가 있다고 했던가. 그곳이 지금 나의 추억속의 고향이다. "자연스러운 것은 언제나 충족된 상태는 아니다. 그러나 인위적인 것은 닫힌 공간 속에 있어야 하오." 라는 시인의 외침이 공허하다.

---

1) 이용악(1914~1971): 함북 경성 출생. 1936년 일본 죠찌(上智)대 졸업. 서정과 서사를 결합한 독특한 울림을 가진 시로 현실에 대한 강렬한 발언을 내면화하고 있으면서도 문학적 가치를 놓치지 않은 사실주의 시인. 시집으로 분수령, 낡은 집, 오랑캐꽃, 이용악 시집이 있다.

2) 용서 (Versöhnung): 독일어에서 용서는 "나는 당신의 아들이 되다"는 뜻이다.

작아서 두려운 미세먼지와 나노쓰레기

지난겨울은 유난히도 희뿌연 먼지가 하늘을 뒤덮은 날들이 많았다. 이 미세먼지는 납 카드늄 그리고 구리와 같은 중금속 산화물과 황과 질소의 산화물들을 포함하고 있어 우리의 건강을 크게 위협하고 있다. 이들은 주로 석탄이나 석유와 같은 화석연료가 탈 때 발생하는 것으로 그 크기가 작고 가벼워 공기 중을 떠돌다 바람을 타고 멀리까지 전해지며 크기에 따라 PM1.0, PM2.5 그리고 100 나노미터 이하의 초미세먼지(ultrafine particle) 등으로 구분되고 있다.

이 미세먼지의 원인제공은 현재로선 중국이다. 중국의 산업화가 가속화되면서 발생한 오염물이 때마침 불어오는 서풍을 타고 서해를 건너 우리나라에 까지 영향을 미치고 있는 것이다. 중국통계연보에서도 산업 및 난방을 위한 석탄 의존율이 중국내 도시들을 중심으로 현격하게 증가되고 있음을 지적하고 있다. 석탄이 탈 때 발생된 황과 질소산화물들은 나노 먼지의 구성성분으로 공기 중의 습기를 만나면 강한 산성을 나타내어 산성비의 원인물질이 된다. 그리고 중금속 산화물은 그 크기가 초미세먼지의 구성을 가진 입자로서 호흡을 통해 여과 없이 인체에 흡입될 수 있으며 채소와 같은 식품을 통해서도 인체에 유입될 가능성이 크다. 특히 봄철엔 황사에 이들이 섞여오게 되면 우리에겐 더욱 어려운 환경적 재앙이 될 수도 있다.

이 미세먼지에 포함된 중금속 산화물들의 나노입자들은 보건기구(WHO)가 지정한 1급 발암물질들이다. 이들은 또 폐포를 통해 혈관에 침투해 협심증, 뇌졸중의 위험을 높인다고 한다. 그뿐 아니다. 이 미립자들은 피부의 모공을 막아 여드름이나 아토피 피부염을 악화시키기도 한다. 미세먼지가 이처럼 생활에 크게 영향을 미치는 것은 입자들이 나노싸이즈의 구성을 가지고 있기 때문이다. 그러나 나노입자들의 임상적 검토는 아직 많은 부분이 알려져 있지 않아 더욱 주의가 필요하다.

하늘을 떠도는 이 미립자들이 일으키는 문제는 나노기술로 발매된 모든 상품의 제조과정에서도 똑같이 발생할 수 있다. 나노 기술이 적용된 제품과 소비재의 등장으로 생활은 편리해지고 윤택해졌지만 그 이면을 살펴보면 아직 갈 길이 멀다.

현재 우리나라의 나노기술은 세계 4위로 평가될 만큼 성장하였으며 머지않아 세계시장을 선도할 것이다. 그럼에도 불구하고 우리나라의 나노폐기물의 처리에 관한 기술적 연구는 아직은 초보적 단계에 머물고 있다. 이런 문제를 제시하는 것은 나노제품의 부정적인 면을 부각하기 위함은 결코 아니다. 나노물질이 이룩한 세상은 화려하게 우리 앞에 이미 와 있고 그 생산과정에서 발생되는 부산물들의 처리를 소홀히 한다면 나노쓰레기의 문제는 지난세기말 석면의 잠재적 위험성에 대한 논란만 있다가 제품이 사용 된지 약 20년이 지난 뒤에서야 제품들에 대한 위험성이 대두되면서 크게 문제된 석면공포보다 더 어려운 문제로 대두될 수도 있다.

나노물질의 생산은 전 세계적으로 화장품 한 품목만 보더라도 2020년에 10^4~10^5 톤으로 예측하고 있다. 특히 IT 분야에 사용되는 나노물질은 10년에 10배씩 증가할 것으로 예측되고 있다. 우리나라에서도 공식적인 발표는 없지만 현재 약 120가지의 나노소비재가 생산되고 있으며 그 량은 연간 9천톤 정도라는 보고되고 있다. 이 생산량은 현재의 추세라면 기하급수적으로 증가할 것은 불을 보듯 한 일이다.

나노물질의 노출원은 나노물질을 생산하는 작업장과 소비자가 동시에 될 수 있다. 특히 나노물질의 작업장에서는 순도를 높이기 위해 생산량의 90%는 폐기되고 약 10%의 생산품만이 상품화되는 경우도 있다. 이때 생산되는 나노쓰레기는 매몰 처리되지만 이들은 화학물질과 다르게 폐기물에 관한 적절한 처리규정이 현재는 없다. 현재 10톤의 나노물질이 생산되면 100톤의 나노폐기물이 공장에서 생산된다고 볼 수 있어 그 처리도 문제이지만 상품화된 나노물질도 사용 후 폐기되었을 때 발생되는 피해에 대해서도 고려되어야 할 것이다. 왜냐하면 오늘의 나노생산품은 내일의 나노폐기물이 되기 때문이다. 현재로서는 문제될만한 정도는 아니다. 그러나 나노물질의 사용량은 계속 증가할 것이고 언젠가는 이런 문제가 대두될 것이다.

나노기술의 긍정적 평가도 중요하지만 해당기술에 대한 부정적인 면도 간과해서는 안 되는 중요한 요소임을 잊지 말아야 한다. 중국발 미세먼지의 위험성에서 보았듯이 나노물질의 위험성은 잠재적이다. 2011년 가습기 살균제에 의한 호흡기질환이 분무된 에어로졸 상에 포함된 나노입자의 영향 때문이라는 것을 경험한 우리로서는 나노입자의 공격성을 경험하였다. 나노폐기물에 대한 책임 있는 관리와 그 처리에 대한 새로운 패러다임을 제시할 때가 된 것이다.

국제신문 2014. 4. 16.

색(色)과 계(界)의 조화

리안 감독의 "색계"라는 영화를 보면 색(본성적)에 비유되는 계(인위적)의 허약함을 보여주는 이야기로 구성되어 있어 묘한 여운이 남는다. 1930년대 중국 상하이가 배경인 이 영화는 여주인공이 매국노를 죽이기 위해 접근하지만 그만 사랑(색)에 빠지고 만다. 그러나 그 여주인공에게는 "색"을 "계"로 다스려야하는 임무가 주어져 있고 그것은 사랑하는 대상을 죽여야 하는 것이었다. 그러나 계를 실행하기 위한 색은 그 턱을 넘지 못하고 영화는 애잔하게 끝난다.

과학에도 이런 이중적 문제들이 상호 보완적 관계로 존재하는 것들이 많다. 예를 들면 자연을 지배하는 거시적(macronize) 세계와 미시적(micronize) 세계의 존재가 그러하다. 거시적 세계란 우리가 눈을 들어 볼 수 있는 세상의 삼라만상의 모든 존재와 그들의 운동 즉 만류인력이 지배하는 모든 것이 여기에 속한다. 이 만류인력의 세계는 색의 본성을 그 안에 가두고 있어 눈으로 볼 수 있는 모든 것이 그 안에서 설명된다. 한 방울의 물 한 움큼의 공기도 모두 눈에 보이는 색의 세상이다. 아무리 작은 것도 미세현미경에 의하면 그 됨됨이가 들어난다. 색의 세계가 보여주는 움직임은 야구장에서 타자가 친 공처럼 속도와 지구중력의 함수관계로 포물선을 그리며 진행된다. 그 뿐 아니다. 자동차나 항공기 그리고 유람선이 움직이면 관성을 따르게 되고 아무리 작은 입자라도 공기보다 무거우면 모두 지상으로 돌아온다. 이런 것들은 모두 뉴턴역학(Newtonian mechanics) 즉 만유인력에 의해 움직이며 색의 세상이라 정의된다.

그러나 그런 질서와 상관없는 미시적 세계도 있다. 이 미립자들의 세상은 시신경을 통해서는 볼 수 없다. 오직 계율에 의해서만 인식될 수 있는 세계이다. 이들은 야구공이 움직이는 것처럼 포물선운동을 하지 않는다. 따라서 이 작은 입자들은 지구 중력과는 관계가 없다. 자유로운 궤적으로 움직이되 제한된 조건 안에서 행동해야 한다. 바로 그들만이 알고 있는 계율이 정해져 있다는 것이다. 이 계율은 인위적인 것이 아니다. 자연의 일부이다. 입자이면서 동시에 파동의 형태로 존재하는 이 미시적 사차원의 입자는 이중적 성질을 가지는 계에 의해서 지배된다. 이 입자들은 그러나 계를 떠나서 성립할 수 없다. 색이 없다는 것이다. 이 아리송한 세계를 설명하는 아인슈타인의 상대성 원리뿐 아니라 하이젠베르크의 불확정성 원리(uncertainly principle)는 가끔은 미시세계를 거시세계와 분리하는 경계가 되어 주기도 한다.

인간은 물질의 근본이 무엇인지에 대해 2천년이상 접근하려는 노력을 해왔다. 그러나 이 기간은 물질의 근본에 접근방법에 대해 알지 못했다. 물질의 근본에 접근하는 방법은 데모크리토스(Democretos, BC 460~ ?)의 사변적 고찰에서부터 시작하여 중세 연금술(alchemist)이 지배하던 시기를 지나 영국의 화학자 돌턴(Dalton; 1766-1844)에 이르러서 비로소 확립되었다. 그는 당시까지도 유행하던 연금술과 물질변형설을 원자론으로 잠재워버렸다. 그것은 볼 수가 없는 세계가 존재한다는 것을 실험을 통해 증명해준 큰 사건이었다. 그러나 이것은 이 논쟁의 끝이 아니었다. 물질의 근본에 대한 접근은 물리학자들에 의해 다시 다루어졌으며 그것은 원자보다 더 작은 전자나 핵과 같은 아원자(subatom)들의 존재가 발견되면서 윤곽이 들어나게 되었다. 이들에 의해서 지배되는 세상은 놀랍게도 에너지와 빛과 같은 새로운 차원의 것이었다.

눈에 보이는 색의 세계와 눈에 보이지 않는 계의 세계는 하나의 물질 안에 존재하지만 이 둘은 서로 같은 방법으로 존재할 수 없다. 여기서 "같은 방법으로 존재하지 않음"이라는 것은 거시적 존재는 만류인력의 지배를 받고 미시적 존재는 양자역학의 지배를 받는다는 의미이다. 이 둘은 삼차원의 세상과 사차원의 세상으로 서로 같은 차원에 존재하지 않음으로 이 둘이 같은 세상에서는 만날 수가 없다.

결국 인간이 물질의 근본에 접근키 위해 물질을 자르고 또 잘라 얻은 미시세계는 양자역학에 의해 지배되는 계의 세상임을 알게 되었다. 양자의 세계는 지극히 제한적이며 이론적이었다. 그렇다면 색의 세계와 계의 세계가 만나는 접점의 과학 즉 양자역학과 뉴톤역학의 만남은 있을 수 없는 것일까? 이 질문에 대한 접근법은 만류인력의 영향을 받는 물질을 나누고 또 나누어서 작은 입자로 만들면 이 미입자는 뉴톤 역학의 지배하에 있는 최소 단위가 되며 동시에 미시세계에서 볼 수 있는 최대의 크기가 된다. 그들의 행동은 이중성을 가질고 있다. 즉 하나의 대상물질이 두 역학을 동시에 수용 할 수 있다는 것이다. 이 미입자는 만류인력과 양자역학의 영향을 동시에 받는 입자로 색과 계를 동시에 한 몸에 가지는 새로운 세계를 열 수 있다. 바로 나노의 세계이다. 여기엔 색과 계가 동시에 존재한다.

따라서 나노물질은 양자역학적으로 접근된 거시적 물질인 것이다. 이것은 지금까지 인류가 사용해오던 모든 기구의 변화를 아주 혁명적으로 바꾸어 놓을 수 있다. 이것은 어떤 면에서는 제2의 산업혁명이라고 할 수 있을 정도의 영향력을 가질 수 있다. 역사적으로 산업혁명을 받아드렸던 국가는 흥했고 중세에 흥한 국가라도 산업혁명을 받아드리지 못했던 국가는 쇄락을 길을 가고 있는 것을 보면 나노과학의 육성이 국가적 과제가 되는 것도 그리 이상하지는 않다.

황제를 위하여

1899년 4월 초파일(양력 5월 4일), 고종황제는 조선 최초의 전차개통식을 참관하기 위해 서대문으로 납신다. 막대한 국고를 들여가면서까지 서대문에서 동대문까지 철로를 개설하고 전차를 운행했던 대한제국의 초대 황제 고종의 의중은 과연 무엇이었을까? 그는 사극에서 흔히 표현되는 것처럼 유약한 군주가 아니었다. 미국의 링컨 대통령이 노예해방을 선언한지 23년 후 노비제도의 철폐를 실현한 군주로서 세계정세에도 탁월한 감각을 가진 분이셨다. 우리나라에 전등, 전화, 철도가 도입된 것도 모두 일본의 식민시절 이전 고종 때의 일이다. 1887년 3월, 경복궁의 건창궁 앞에 750개의 백열등을 환하게 켠 것은 에디슨이 전구를 발명한지 불과 5년 후의 일이었다. 전차의 개통도 도쿄보다 빠른 것이었다. 늦었지만 조선의 현대화를 열망했던 군주의 몸부림은 마치 절규와 같은 것이었다. 그러나 역사는 이 고독했던 군주의 고뇌를 외면한 채 흘러가버렸다. 힘 있는 자의 행패로 끝나버린 조선의 역사는 외세에 의해 모든 질서가 파괴되고 민족이 지켜왔던 소중한 가치들을 혼돈 속으로 내몰려 버렸다.

올해는 우리나라에 처음 전차가 도입된 지 115년이 되는 해이다. 지금 그 전찻길에는 수를 헤아릴 수도 없을 만큼 많은 자동차들이 다니고 있다. 그리고 이 강산엔 고속열차가 전국을 달리고 있다. 지금은 상상을 초월한 통신의 발달로 지구의 반대편에서 일어나는 일도 실시간으로 전할 수 있는 세상이 되었지만 경복궁에 처음으로 개통된 전화는 건청궁과 홍릉이었다. 고종은 비운에 돌아가신 아내 민비의 묘소에 이 전화기로 매일 안부를 전했다한다. 그때 군주의 아픔과 그리움을 전하던 전화기는 지금은 온 백성이 하나씩 다 가지고도 남을 정도로 보급되었다. 그 전화기는 우리가 만들어 세계 20억의 인구가 사용하고 있다. 조선의 자손들이 이룩한 과학문명은 이제 세계의 으뜸이 된 기술로 발전하였다. 고독했던 군주의 치욕스러웠던 과거는 조선의 자손들에 의해 하나씩 거두어가고 있다.

우리의 과학과 기술은 이제 따라가던 시대에서 선도자의 길로 들어섰다. 그러나 그 위치를 지키기 위해서는 먼저 그 위치를 지킬 수 있는 기초적 체력이 있어야 한다. 그 기초체

력은 그냥 하루아침에 생기는 것이 아니다. 긴 인고의 시간을 다듬어야하고 참을성 있게 기다려야 얻어지는 고귀한 재산이다. 독일의 한 기업 연구소를 필자가 방문했을 때 있었던 일이다. 너무나 생소한 일을 하고 있어 물었다. 지금하고 있는 연구가 무슨 제품을 위한 것이냐 했더니 "모른다"는 대답이었다. 나중에 안 이야기지만 그가 방문했던 부서는 앞으로 50년 후에 일어날 일들을 미리 디자인하고 거기에 맞는 일을 한다고 했다.

우리의 실정에 견주어 보면 정말 충격적이다. 오늘 당장 결실을 내지 못하면 내일 직장을 그만 두어야 할지모르는 우리의 처지와는 너무나 동떨어진 것 같다. 제약회사로 잘 알려진 획스트에는 2천 명 정도의 연구 인력이 존재한다. 2천명이면 거의 2천개의 새로운 프로젝트가 있다. 그러나 그들이 연구해서 발매되는 의약품은 고작 1년에 서너 개 정도라 한다. 계산적으로 따져보면 그 회사의 연구원으로 들어와서 평생을 일해도 연구했던 주제가 한 번도 발매되지 못하고 정년을 맞이하는 경우도 있을 것이다. 그러나 그 회사에서는 1년에 발매되는 세 개나 네 개의 새로운 신약으로 세계적 명성을 이어가고 있다. 그 회사의 신약 몇 개가 전체 회사를 먹여 살린다는 것을 잊어서는 안 된다. 그렇지만 그들의 저력은 한 두 개의 발매된 신약이 아니라 묵묵히 일하고 있는 2천여 개의 주제를 운영하는 연구원 모두인 것이다.

과학기술의 기초적 접근에 좀 더 투자해야한다. 눈앞에 보이는 이익만을 추구한다면 그 이익이 끝나는 시점이 바로 회사의 마지막이다. 모 기업의 총수가 앞으로 우리 공장의 생산라인에서 생산되는 제품의 3분의2가 5년 내에 없어질 수도 있다고 한 말은 뼈있는 충고이다. 내일을 위한 도전적 태도를 주문하고 있다. 도전정신과 현실 안주는 세월이 지나면 극명하게 차이가 나기마련이다. 현실에 만족하지 않고 항상 개선, 혁신하려는 도전정신은 초일류기업으로 성장할 수 있는 잠재력이다. 그러나 변화를 거부하고 현실에 안주하는 기업의 미래는 없다. 성장하기 위해서는 기초과학의 바탕위에 기술적 진화가 이루어져야한다.

역사는 반복된다. 그리고 동북아의 기본 틀은 과거 고종의 시절과 비슷하다. “국가와 국가의 외교에서 논리는 없다. 오직 힘이 존재할 뿐이다.” 이 공식은 지금도 통용되고 있다. 그 힘의 균형을 유지해가는 것이 무엇보다 중요하다. 우리를 먹여 살리는 과학기술은 남들보다 먼저 진화해야 한다. 그러기 위해서는 튼튼한 바탕이 있어야한다. 기초과학에 투자 하는 것을 손실로만 본다면 그곳엔 희망이 없다.

탄소세 유감

탄소세를 내라고 한다. 탄소세는 화석연료를 쓰는 모든 제품에 적용되는 세금으로 이산화탄소의 발생량을 억제시켜 지구온난화를 막기 위한 한 가지 방안이라고 한다. 인류가 지구온난화에 관심을 가지기 시작한 것은 1985년 세계기상기구(WMO)가 온난화의 주범이 이산화탄소라고 선언하면서 부터이다. 그 후 환경에 대한 관심이 높아지면서 1997년 교토에서 개최된 3차 WMO 총회에서는 온실가스의 감축목표를 구체적으로 정하여 시행하자는 이른바 교토의정서[1)]가 채택되었고 지금은 그 가치를 사고파는 시장까지 형성된 상태이다.

그렇다면 지구의 온도가 상승하는 것이 이산화탄소가 주범이라는 이른바 이산화탄소원인설은 의심 없이 받아들여야하나? 이 사실관계는 공교롭게도 실험적 결과 보다는 많은 부분이 가설로 접근되다보니 여러 가지 상충된 의견이 서로 대립되고 있어 매우 혼란스럽다. 이 현상들의 한 부분을 정리해보면 지구의 대기 중에는 13조 톤이나 되는 수증기 즉 물분자들이 지구를 감싸고 있어 지구상에 도달한 태양 에너지가 열에너지로 전환되어 우주로 다시 날아가는 것을 막아주는 역할을 하고 있다. 그 역할은 수증기라는 물리적 벽에 의한 단열효과도 있지만 분자단위의 단열효과도 있다. 즉 물 분자는 지구에서 반사되는 일정파장의 열의 복사선만 흡수하고 나머지는 다시 지구로 다시 되돌려버리는 특성을 가지고 있다. 물에 비해서는 매우 적은 양이지만 이산화탄소도 수증기와 마찬가지로 대부분의 열복사선을 다시 반사해버리는 능력을 가지고 있다. 그것이 지구온난화의 원인이 된다고 한다.

그러나 이산화탄소를 주범으로 몰아가는 강력한 포텐셜은 이산화탄소의 대기 중 농도가 1800년대에 280ppm, 1950년에는 315ppm, 그리고 2000년에는 367ppm으로 계속 증가하고 있다는 것이다. 그 점진적 증가가 오늘날 탄소세를 가져온 주된 원인으로 지목된 것이다. 그러나 지구의 온도가 증가하는 현상에는 또 다른 요인도 있다. 그 한 가지 가능성은 주기설이다. 지구의 연평균기온은 400~500년을 주기로 약 1.5℃의 범위에서 상승과 하강을 반복하며 변해왔다. 이 주기의 변화가 20세기에 들어와서는 그 폭이 조금씩 확대되고 있다. 그 원인이 자연스러운 현상 같지만 그 증가폭이 이산화탄소의 증가와 같은 경향성을 가지고 있다는 것이다. 그 결과가 이산화탄소를 지구 온난화의 주범으로 지목한 또 다른 이유인 것이다. 그러나 현재의 지구 온난화는 여전히 불확실성이 남아 있고 앞으로도 해소되기 어려울 것이다. 탄소세가 발효되면 인류는 화석에너지의 사용을 축소하려고 노력할 것이고 다른 에너지원을 찾을 것이다. 물론 이것은 지구상 모든 국가가 바라고 있지만 이것이 목표라면 과학적 미완성이 정치적으로 이용되는 것 같아 여운이 남는다.

하여간 탄소세의 실행으로 화석연료의 사용량을 줄이면 이론적으로 대기 중의 이산화탄소는 줄어들겠지만 거기에 투자해야할 경제적 비용은 천문학적인데 비해 그 효과가 너무나 보잘 것 없다는데 문제가 있다. 지구상의 모든 국가가 교토의정서를 실행한다 해도 2050년까지 지구의 온도를 섭씨 0,06도 내리는데 불과하지만 그 비용은 반도체시장의 3분의 2에 해당될 것이라는 보고서도 있다.

한 가지 더 생각해야 할 것은 온실가스의 누적 배출량은 선진국이 많지만 개발도상국의 배출량도 빠르게 증가하고 있다. 그런데 탄소세를 내는 기준은 1990년도를 기준점으로 그 증감을 고려해 세금이 매겨지는 것이다. 이렇게 되면 개발이 거의 멈춰버린 선진국은 손해 볼 일이 없다. 그러나 개도국의 사정은 다르다. 우리나라도 2009년 세계 8위의 이산화탄소 배출국이 되었다. 다른 나라만 탓할 수 없는 처지가 된 것이다.

탄소세부과는 서로 대립된 여러 가지 견해에도 불구하고 지구의 환경변화가 인간에 의해서 저질러지고 있는데 대한 경종으로 받아드려야 한다. 지금까지 과학이 밝혀낸 근거를 한자리에 놓고 종합적으로 접근해왔음에도 불구하고 지구온난화에는 여전히 불확실성이 남아있다. 그러나 한 가지 확실한 것은 자연은 조심스럽게 균형을 유지하고 있는 광대의 머리위에 올려진 질그릇 같은 것이다. 그 균형에 이상이 오면 결과는 예측할 수 없는 불확실성으로 인류에게 다가올 수도 있다.

국제신문 2014. 2. 17.

---

[1] 교토의정서(Kyoto protocol): 지구온난화 규제 및 방지를 목적으로 하는 국제협약. 기후변화협약의 구체적 이행 방안을 명기하여 온실가스 감축 목표치를 규정하고 있다.

블루머니

우리가 잘 모르사이 우리의 주위에 지천으로 널려있던 것이 부가가치를 생산하는 소중한 자산이 된 것이 있다. 바로 물이다. 물산업(블루머니)은 먹는 물을 포함한 상하수도 산업 그리고 담수화산업과 하천의 환경개선 등 매우 다양한 분야를 포함하고 있어 거대산업으로 성장할 수 있는 가능성을 충분히 지니고 있다. 통계에 의하면 이 물산업의 세계시장 규모는 2012년도에 4,800억 달러이며 앞으로도 연평균 4.9%의 성장세를 이어갈 것으로 전망되어 이 산업의 시장성은 세계경제성장률 보다 높아 10년 이내에 그 규모가 올해의 2배 이상이 될 것으로 전문가들은 예측하고 있다.

이러한 물산업을 주도하고 있는 기업들은 1800년대부터 유럽에서 상하수도 사업을 해오던 기업들로서 블루머니 시대에 적합한 기술력과 정보 그리고 총체적 노하우를 확보하고 있는 기업들이라 할 수 있다. 1800년대라면 우리에겐 대동강 물을 팔아먹었다는 선달의 우화 같은 이야기가 더 어울리던 시절이었다. 그것은 역설적이지만 근자에 이르기까지 우리의 수자원은 우리를 지탱하기에 충분한 용량을 확보하고 있었다고 볼 수도 있다. 우리에게는 적어도 물이 부가가치를 창출하는 산업이 된다는 것은 최근의 일로 우리 물산업의 역사는 매우 짧다고 할 수 있다.

하여간 요즈음 물에 관한 보고서들을 보면 물부족과 그 부족분을 채워나가는 방법들을 연구하는 산업기술의 개발과 시장에 접근하기위한 방법들이 주류를 이루고 있다. 그만큼 물산업에 대한 기대가 크다는 것이다. 우리나라도 2020년까지 "물강국"으로 도약하기위한 물산업 육성전략[1]을 내놓고 있으며 이에 보조를 맞춘 기업들이 점차 늘어나고 있다. 물을 더 이상 물로만 봐선 안 되는 이유가 또한 여기에 있다. 우리 앞에 필연적으로 나타날 수자원[2]시대를 대비하기 위해서는 최우선적으로 전문 물기업과 전문가들을 육성해 차세대 산업의 중요한 동력이 될 이 분야의 산업을 선진화 시켜야 한다.

물산업의 선진화를 위해서는 우리의 환경적 요인도 잘 검토해야 한다. 환경단체에서는 우리의 하천을 그대로 두는 것이 자연보호 취지에 맞는다고 한다. 과연 그럴까? 지금 우리

시골의 하천을 보면 적어도 40-50년 전 하천과는 많이 다르다. 그때는 흐르는 개울물은 그대로 음용수가 될 정도로 깨끗했다. 그러나 지금 우리의 하천은 화학성분이 포함된 오염된 생활폐수와 수세식화장실에서 흘러나오는 질소성분 그리고 시골의 요소요소에 들어서고 있는 농어촌의 공장에서 흘러나오는 공장폐수에 의해 옛날 물장구 치고 놀던 개천이 아닌지 오래되었다.

산업화가 진행되면서 맨 먼저 발달한 화학산업은 각종 생활세재에서 혁명적 변화를 가져왔다. 잿물로 빨래하던 우리의 할머니들은 다시 양잿물을 그리고 그 다음은 비누를 사용하였다. 그래도 그 때까지는 하천은 자정능력에 의해 스스로를 다시 정화 시킬 수 있었다. 그러나 합성세재가 보급되면서부터 하천은 사실상 그 자정능력을 점차 상실해갔다. 합성세재 속에 담겨있는 인(P)과 질소(N)성분은 잡초의 큰 자양분이 되었고 웃자란 잡초는 강의 생물들에게 산소공급을 차단시켜 다시 강을 오염시키는 미세 조류를 배출하고 있다. 그래서 강은 거품과 녹조가 섞여 점점 그 정화능력을 상실해 가며 죽어가고 있다. 우리의 개천엔 이제 가제가 살지 않는다. 대신 이름 모를 잡초와 거기에 기생하는 생물들과의 먹이사슬에 의해 형성된 새로운 구성으로 새판이 짜이고 있다. 이제 작은 개

울까지도 정비하지 않으면 옛날 하천이 주던 안락함은 없다. 물산업의 선진화에 꼭 포함되어야 할 것이 환경적 고민이 우선되어야 한다는 것이다. 지금 우리에게 강을 정비하고 물 공급문제를 고민하는 것은 지금 우리가 가진 과제 중 가장 먼저 해결해야할 것이다.

블루머니[3]는 오늘의 블랙머니(석유)[4]가 사라지면 나타날 차세대 경제의 보루이다. 블랙머니를 가지고 부를 누렸던 국가들은 이제 그 끝이 보이고 있다. 우리가 블루머니 시대에 대비하는 것은 우리부터 먼저 물부족 현상에서 탈출하여 우리 선조들이 누리던 물강국으로 다시 태어나기 위함이다. 그러기 위해서는 석유산업에 의해 망가진 가치를 다시 복원해야 한다. 언제 다시 연어가 우리의 강에 돌아올지 모르지만 그 시기는 우리의 몫이다.

국제신문 2013. 10. 15.

---

[1] 물산업 육성전략: 2010. 10. 13 제9차 녹색성장위원회에서 발표된 전략으로 2025년까지 8개의 세계적인 물 기업을 육성하고 일자리 37,000개를 만들어 세계 물산업 강국으로 도약한다는 목표로 원천기술개발 등 4개 핵심전략이 포함된 계획.

[2] 물에 대해서 자원이라는 용어를 사용한 것은 1958년 미국에서 처음으로 "국가기본계획에 있어서의 수자원"이라는 보고서를 작성되었는데, 여기에 수자원이라는 용어에 대한 정의가 내려졌다. 한국에서는 1950년대 외국용역단에 의한 한국 자원조사보고서에 수자원이라는 말을 사용하고 있으며, 경제학적 용어인 자원이라는 말을 물에 적용한 것은 이것이 처음이다. (두산백과)

[3] 블루머니(blue mony) 수자원을 말하는 용어

[4] 블랙머니(black mony) 석유자원을 말하는 용어

진주와 산성비

클레오파트라(BC69-BC30)가 안토니우스(BC82?-BC30)의 마음을 사기위해 세상에서 가장 화려하다고 칭하던 "달의 눈물"이라는 커다란 진주귀고리를 파티석상에서 술잔에 넣은 다음 녹여 마셔 버렸다고 전한다. 클레오파트라는 어떻게 딱딱한 진주를 녹일 수 있었을까? 이 사건의 사실관계야 2천년 보다 더 오래된 이야기이니 확인할 길은 없지만 그보다 화학적 의미부여가 더 흥미롭다. 화학에서 녹는다는 것은 용매에 의해서 용질분자가 포위된 상태를 말하고 있다. 예로서 소금이 물에 녹으면 소금(용질)을 이루는 두 개의 이온들은 각각 다른 형식으로 이온의 주위가 물(용매)로 포위되고 그 물은 다시 자유롭게 떠도는 물에 의해 2차 포장이 이루어지고 계속해서 여러겹으로 물에 둘러싸이면 각각의 이온들은 마치 물처럼 행동하게 된다. 따라서 용질이 용매에 녹는 다는 것은 지극히 자연스러운 현상으로 둘이 하나가 됨을 의미하고 있다. 아마 클레오파트라도 안토니우스의 마음을 귀한 진주처럼 녹일 수 있다는 정치적 판단에서 준비된 프러포즈는 아니었을까?

진주를 이루는 주성분은 산과 쉽게 반응한다. "술잔 속의 진주"라는 이 기록이 사실이라면 클레오파트라가 준비한 잔 속에는 아마도 진주를 녹이기 위한 준비된 적당한 농도의 식초 혹은 레몬주스와 같은 산성음료가 담겨져 있었을 것이다. 왜냐하면 진주를 이루는 주성분인 탄산칼슘은 순수한 물 1 리터당 15mg(밀리그램)만 녹는 난용성 물질이지만 이것이 산에 의해 탄산수소나트륨으로 변하게 되면 물 1리터당 166g이 녹을 수 있어 진주는 순수한 물보다 산용매 속에서 1만 배나 더 잘 녹을 수 있음을 의미한다. 이 수치는 소금이 1리터의 물에 350g 녹는 것과 비교하면 산성 용매 중에서 진주는 거의 소금이 물에 녹는 수준에 가깝다는 것이다. 아마도 클레오파트라는 진주를 잔속에 넣고 어느 정도 파티가 무르익어 분위기가 절정에 달하였을 때 많은 사람들이 보는 앞에서 탄산칼슘성분이 녹아서 말랑말랑해진 그 진주를 보란 듯이 마셨으리라.

이 이야기는 여왕의 아름다운 러브스토리로 알려져 있지만 신맛을 가진 산성과 진주성분인 석회암의 관계는 오늘을 살아가는 우리에게는 매우 어려운 문제로 다가와 있다. 유럽을 여행하다 보면 성당이나 시청 앞에 서있는 문화재급 조형물들이 흉측하게 변한 모습을 가끔 보게 된다. 유럽의 도시에 산재해 있는 대리석 조각품들은 가공이 비교적 쉬운 대리암으로 이루어져 있다. 이 대리암의 구성 성분은 탄산칼슘이 주성분으로 진주의 구성성분과 같은 것이다. 그런데 유럽의 도시들은 근세에 접어들어 화석연료가 에너지원의 중심에 오면서부터 이 대리암 조형물들은 산성비에 그대로 노출되어 있었다. 산성비를 멈추게 하는 방법은 현재처럼 화석연료를 쓰는 한 불가능하다. 화석연료에서 에너지를 얻게 되면 부산물로 탄산가스가 배출되고 이것이 물에 녹아 바로 탄산이 된다. 특히 그중에서도 자동차의 엔진에서 발생되는 질소산화물과 석유에 포함된 유황성분의 연소에 의해서 얻어지는 황산화물들은 공기 중에서 습기와 반응하여 강한 산성을 나타낸다. 이들은 모두 산성비의 원인물질이다. 산성비가 파괴시키는 것은 문화재뿐만이 아니다. 산성비는 대지에 스며들어 바위가 침식되고 그 속의 금속이온을 용해시켜 빗물과 함께 씻겨 내려가서 강과 바다를 오염시키고 그중 중금속들은 먹이사슬을 통해 다시 우리에게 돌아온다.

클레오파트라가 2천 년 전에 벌써 산의 비밀을 알고 있었을까? 아니면 연금술사의 장난이었을까? 알려진 바는 없지만 그 시대에 벌써 여러 가지 화합물들을 이용하여 화장품을 만들 수도 있었으며 납이나 아연 같은 중금속이 함유된 화학조미료도 만들 수 있었다 전한다. 그들이 만든 화장품에는 산화납과 산화수은이 들어 있었다 하니 이러한 음식과 화장품은 결국 로마의 패망에 영향을 주었을 만큼 심각한 것이었다. 무지가 낳은 결과다. 옛날 로마의 문명인들은 중금속의 중독에 의해 국가의 흥망성쇠가 달려있음을 몰랐다지만 지금 우리는 산성비에 대한 그 메커니즘을 충분히 알고 있다. 하지만 대책은 쉽지 않다. 다시 2천년이 지난 후에 우리 후손은 지금의 이 혼란스런 문명사회를 무엇이라 평할까? 현대인이 누리는 이 화려함과 문명의 달콤함은 반어적으로 우리의 과제일 수도 있다.

국제신문 2013. 12. 17.

돌과 생명현상

필자의 고향집에서 그리 멀지 않은 곳에는 남방계열 고인돌군락이 있다. 마을 이름도 석사리(石社理, 돌곡)-돌들의 마을이다. 동구 밖에 서 있는 고인돌들은 이제는 지나가버린 시간 속의 조형물로 남아 있지만 그곳에 살았던 사람들은 그들이 지향하던 최상의 가치구현을 위해 당시에 통용되던 최신기술과 장비를 사용하여 그 돌들을 운반하고 다듬어 세웠을 것이다. 수천 년이 지난 지금에도 한 시대에서 통용된 기술이나 사상은 사람이 살아가는 중요한 아이콘(icon)이 된다. 오늘을 살아가는 우리에게는 이제 크고 귀하게 생긴 돌보다 돌을 이루는 성분과 그들의 역할에 관심이 더 많다.

돌을 구성하는 성분 중 28%를 차지하는 규소(Si)는 탄소(C)와 같은 주기에 속해 서로 비슷한 화학적 성질을 가지고 있다. 그러나 그들의 근본적 특성은 조금씩 서로 다르다. 이들의 성질 중 가장 큰 차이점은 탄소는 생명현상을 주도하고 있는 원소지만 규소는 생명활동에는 관여치 못함에 있다. 인공지능 분야에서는 규소를 사용해 생명체가 탄소를 기반으로 만들어낸 뇌만큼의 복잡성을 가진 기계를 만들 수 있다고 한다. 만약 인간 뇌의 모든 것을 실리콘칩으로 교체할 수 있다면 현대과학에서 규소원자들의 생명현상 참여가 각광 받을 수도 있을 것이다. 그러나 그 대상이 살아서 움직이는 생명체라면 문제가 다르다. 정리해보면 생명체에서 생명을 유지하고 성장시키는 자양분은 탄소골격을 가진 화합물들에 의해서만 제공되며 생명체에 대한 이들의 출입은 자유롭다. 그러나 규소의 경우는 그렇지 않다.

그 원인은 자연에 존재하는 모든 생명체에서 탄소화합물이 흡수되어 에너지가 생명체에 공급되면 호흡에 의해서 사용된 물질은 다시 저에너지 물질로 전환되어 밖으로 배출되어야 한다. 이 대사과정에서 배출되는 물질은 탄산가스와 물과 같이 기체 혹은 액체 상태로 이루어진다. 그러나 유기규소화합물이 생명체에 자양분을 제공한다면 그 대사과정에서는 이산화규소(SiO_2)와 부수적인 화합물들이 배출될 것이다. 이 과정에서 생산되는 이산화규소는 유감스럽게도 이산화탄소가 가지는 것과 같은 안정성을 가지지 못한다. 이산화규소의 안정한 상태는 여러 분자가 모여 큰분자를 형성하는 고분자형 고체이다. 이 고체는 생명현상에 참여치 못하는 돌의 구성 성분이다.

규소화합물이 생명현상에 참여치 못하는 또 다른 이유는 서로가 서로를 연결해주는 화학결합에 원인이 있다. 분자가 가지는 에너지는 화학결합이라고 하는 원자와 원자를 연결해주는 연결고리에 저장되지만 규소가 만드는 결합들은 탄소가 만드는 결합과는 달리 큰 유연성을 가지고 있다. 이 유연성을 가진 화학결합은 화학에너지를 탄소원자의 그것만큼 저장할 수가 없다. 그보다 더 중요한 것은 규소는 생명체가 살아갈 수 있는 온도범위 안에서 에너지의 창고라 할 수 있는 이중결합을 만들 수 없다. 한마디로 규소화합물은 에너지를 보관할 창고도 없고 있다손 치더라도 다 빼앗기는 구조로 구성되어 있다. 이것이 규소와 탄소의 다른 점이다. 탄소가 규소보다도 적게 존재하는데도 모든 생명체가 탄소를 기반으로 살아가고 있는 것만 봐도 이 일은 증명이 된다.

그렇지만 현대인에게 규소는 없어서는 안 될 중요한 자원이다. 고순도의 규소는 전자산업의 핵심소재임은 이미 알려져 있다. 규소에 탄소기능이 첨가된 유기실리콘과 산소가 첨가된 실옥산 그리고 이들의 혼합물은 현대산업에서 폭넓게 사용되고 있다. 우리가 사용하는 화장품과 세제를 포함한 대부분의 생필품에서부터 건축, 자동차, 항공, 선박, 우주산업 등에서 유기규소의 흔적이 없는 제품은 찾을 수 없다. 이른바 유기규소화합물은 현대산업에서는 약방감초 격으로 앞으로 인류의 생활을 윤택하게 해줄 기초물질임에 틀림이 없다.

요즈음 눈에 띠는 변화는 구부러지는 화면을 가진 매체들의 등장이다. 20-30년 전부터 예견되어온 사실이지만 이들을 가능하게 해주는 것도 결국 규소가 함유된 기초물질의 제공이 없이는 불가능하다. 이렇게 다양한 유기실리콘의 생산을 위한 단초를 제공한 분은 로코우(Rochow,1909~2002)[1]로서 그의 발견 이후 유기규소화합물들은 현재 우리의 산업에서는 없어서는 안 될 동반자가 된 것이다. 이 규소화합물의 용도는 이들이 가지는 성질 중 탄소화합물이 가질 수 없는 유연성을 이용한 결과이다. 탄소와 규소에 관한 자연의 조화가 흥미롭다.

[1] Eugene George Rochow (1909~2002): 무기화학자 (미국), 1940년에 발표한 direct process는 유기규소화합물들의 대량생산을 위한 방법을 제공한 것으로 현재도 그의 방법에 의해 유기규소 화합물들이 만들어 지고 있다.

창조의 핑계

창세기의 풍경이다. 하느님께서 에덴동산에서 "너 어디 있느냐?"하고 아담을 찾는다. 아담은 부끄럽다는 핑계를 댄다. 하느님께서는 "내가 따먹지 말라고 일러둔 나무열매를 네가 따 먹었구나" 라고 다시 묻자 아담이 다시 핑계를 댄다. "여자가 시켜서…" 이것이 에덴동산에서 있었던 하느님과 인간의 첫 대화이다. 성경이 서구사회에서 인간의 삶에 끼친 영향은 실로 대단하다. 여러 종류의 학문을 포함한 모든 분야가 그 그늘아래에 있었으며 과학에 미친 영향도 예외일 수는 없다. 그 중에서도 대표적인 것은 갈릴레오 갈릴레이에 대한 오해였으며 그 사건은 종교재판이 있은 지 350년이 지난 다음에야 비로소 바르게 수정될 만큼 큰 영향을 미쳤다. 그럼에도 불구하고 과학과 기술을 성장시키고 발전시킨 원동력은 기독교 문화권에 있었으며 오늘날도 과학을 발전시키고 다듬기 위한 서양의 방법들은 보다 구체적이다. 사실 과학은 금단의 열매를 따먹고 낙원에서 쫓겨나 낯선 곳을 여행하며 발전해왔다.

서양의 과학과 기술이 이처럼 발달할 수 있었던 것은 그들이 사용한 기독교문화의 기록법에서 그 해법의 일부를 찾을 수 있다. 부언하면 서양을 지배해온 정신은 기독교의 교리이며 이 정신은 성경과 함께 전파되었다. 과학을 탐구해가는 방법도 창세기에 나오는 이런 묻고 답하고 다시 묻는 되먹임의 반복적 과정에 기반을 두고 있는 창세기의 풍경과 별반 다르지 않다. 그리고 성경의 기술방법에는 또 특이한 점이 있다. 성경은 각 문장마다 꼬리표를 붙여 두어 어디에서 어떻게 정보를 얻었는지에 대한 기술이 확실하다. 구약의 사건들이 다시 신약에 응용되면서도 손쉽게 구약에 배경이 되는 위치가 모두 기술 되어 있다. 또 신약의 내용도 여기저기 서로 인용되며 성경속의 사건들을 보다 더 구체적으로 증언하고 있다. 이것은 일반적인 논문에서 그 결과를 기술할 때 이와 관련된 학문의 소재를 주석을 통해 확인하고 있는 것과 일맥상통한다. 따라서 어떤 과학적 결과의 뿌리가 어디이며 인용은 어디서 어떻게 이루어졌는지가 명확하다. 또 그 결과가 지향하는 목표가 이미 발표된 학문적 결과들과 구분됨이 들어나게 되고 필요한 경우 외삽법에 의해 그 학문적 결과가 가야할 미래를 예측할 수도 있다. 현재 이런 방법들은 논문을 쓰기위한 기초적 지침이며 꼭 지켜야하는 필수적 요건이기도 하다.

그러나 동양의 고전 과학서를 보면 이와는 좀 다르다. 그곳엔 인용된 문헌과 그 위치가 대부분 명확하지가 않다. 그 결과 동양의 과학과 기술은 뿌리가 어디이며 어떤 과정에 의해 현재의 위치에 오게 되었는지에 대한 정보가 서양의 것에 비해 많이 부족하다. 뿌리와 발전과정이 기록으로 남아있지 않은 과학과 기술도 한 세대에서는 성공한 과학과 기술로 인정받을 수는 있다. 그러나 한 세대를 지나면 그 과학과 기술은 사장될 가능성이 높다. 예를 들어보자. 동의보감은 지금까지도 매우 훌륭한 의학 서적이다. 그러나 어떤 의학적 지식이 어디에서 출발하여 거기까지 오게 되었는지에 대한 참고할만한 자료가 많이 부족하다. 따라서 이 의학서에 기술된 의술은 더 이상 발전하지 못하고 우리에게는 한의학서의 훌륭한 고전으로만 남아있다. 만약 이 의약서가 서구에서 발간되었다면 어떻게 변했을까하는 상상을 해본다.

우리에게는 한 시대의 첨단 기술로 알려졌던 기술들은 너무나 많다. 금속활자, 한지제조기술, 선박제조기술, 화약을 만들던 기술 등 많은 기술들이 우리에게는 역사속의 첨단기술들로 남아있다. 그러나 그들의 발전하지 못했다. 그 당시의 기술로 지금까지 알려져 있을 뿐이다. 그러나 이런 기술들이 비단길을 따라 서역에 가서 새롭게 발전하여 다시 우리에게 다가온 것들은 많다. 그 대표적 예가 도자기이다. 우리의 도자기가 서역에 가서 어떻게 변했는지는 서양의 도자기박물관에 가서보면 알 수 있다. 그 도자기가 비단길 따라 가서는 처음 우리의 막사발과 같은 종류를 만들기 시작했다. 그러나 그들은 그들만의 방법에 의해 그들의 도자기를 만들기 시작했고 그 발전사는 박물관마다 그대로 기술되어 있다. 기술의 변천에 대한 기록이 서류로 남아 있다는 것이다.

임진왜란에 사용되던 거북선은 우리에게는 그 제원마저도 불확실하게 남아있다. 그 전쟁은 불과 4백 년 전의 사건이었다. 우리의 과학과 기술에 대한 기록이 어느 정도인지에 대한 단적인 사례가 아닐 수 없다. 그 전쟁에서 우리 수군이 사용하던 대포들과 화약의 제조기술은 당시로는 탁월한 첨단 기술이었음에는 틀림이 없다. 그러나 현재 우리 해군이 가진 무기는 고유한 우리 기술에서 유래된 것은 없다. 모두 서양의 과학과 기술이 발전시킨 것들이다. 우리의 첨단 기술은 한 시대를 빛냈던 기술로 멈춰버렸고 서양의 후진기술들은 계속 성장하였다. 여기서 동양과 서양의 과학에 대한 접근법의 차이가 어떤 결과로 다가오는지에 대해 우리의 과학교육이 눈여겨보아야 할 대목이다. 창조의 핑계는 기록으로 남아야한다.

물: 포괄적 의미의 위대한 어머니

지루했던 장마를 지나며 물에 생각이 머문다. 물은 많은 화합물들이 가지는 일반적 성질과는 거리가 먼 “유별난 성질”을 가지고 있다. 그러나 이 물이 사전적 의미의 “보통성질“을 가지지 않았다면 자연계에서 생명체들의 존재는 설명할 수 없다. 따라서 물은 “유별남과 보통”이라는 두 이질성을 동시에 내포한 몇 안 되는 유별난 물질(unusual matter) 중의 하나가 된다.

물이 가지는 이 “유별남”을 데이비스는 그의 저서 과학의 거울[1)]에서 “생명체가 탄생하고 진화하는 과정에서 포괄적 의미의 위대한 어머니로서의 역할을 가능케 하는 성질”이라고 제안하였다. 이 유별나고 고마우신 어머니는 우리의 탄생과 성장 그리고 우리를 9개월 동안이나 안아 키워준 위대한 감실이며 태어난 다음에도 우리를 여전히 당신의 품에 가두어 둔 욕심 많은 여인이다. 따라서 우리의 인생살이는 그냥 물리적 과정으로만 표현한다면 살과 피부 안에 갇혀있는 물의 흐름에 불과하다. 왜냐하면 생명체의 기본단위는 세포이며 세포는 물이 주성분인 유체로 채워져 있고 삶과 죽음이 이 유체의 흐름에 달려있기 때문이다.

물의 이 유별난 성질은 그들이 가지는 화학결합에 바탕을 둔 물리적 성질에서 유래한다. 정리하면 물은 산소와 수소가 만나 그들이 가졌던 모든 에너지를 태워 소진하고 남은 재(ashes)와 같은 물질이다. 물이 불에 타지 않는 것도 물이 태워야할 에너지가 더 이상 남아있지 않은 가난함에 원인이 있다. 물과 비슷한 분자량을 가진 메탄은 많은 에너지를 가진 부자물질이다. 이들의 풍요함은 서로가 서로의 필요성을 외면하는 외톨이로 만들었다. 하지만 물은 서로의 빈곳을 채워주며 손잡고 낮은 곳에 모인다. 이 유별남은 자연이 그들에게 준 선물이다. 이들이 서로를 잡아주던 끈을 잠시 놓쳐도 창공을 헤매다 다시 모여 구름 되고 비되어 고향으로 돌아온다. 비록 전체 담수에 비해 1%도 되지 않는 적은 양이지만 이들의 귀환은 메마른 땅에 생명체들이 살 수 있는 환경을 만들어 주는 고마운 본능으로 우리에게 다가온다.

또 온도에 따르는 변화 중에 일반적인 물질은 고체의 경우가 액체보다 체적이 줄어 비중이 무거워 진다. 그러나 물은 고체인 얼음이 되면 액체인 물보다 가벼워지는 유별남을 가지고 있다. 겨울철 수도관이 얼어 터지는 이유도 여기에 있고 강이나 바다가 얼음으로 뒤덮여도 그 아래에는 물고기가 서식할 수 있는 생명의 공간을 제공해 주는 현상도 이 가벼워짐에 있다. 물의 크고 비어있는 에너지그릇은 태양에너지를 저장하고 방출하여 날씨와 기후를 서서히 변하게 하는 역할도 수행한다. 그뿐 아니라 물은 또 동물들이 일정한 온도를 유지할 수 있게 하는 능동적 여지도 만들어 준다. 따라서 물은 지구의 모든 생명체가 살아가는 묘판이며 영원한 생명의 고향이다.

그런데 유감스럽게도 물은 흔하게 여기저기 존재하지만 인류가 생명현상을 유지하기위해 사용할 수 있는 물은 해마다 점점 덜 흔해지고 있다. 인구가 증가하고 산업이 발달함에 따라 사람들은 점점 더 많은 물을 쓰게 되었고 일인당 물소비량도 비약적으로 증가하고 있다. 우리가 강이나 바다를 처다 보면서 느끼는 감정은 생명의 고향이 점차 줄어들고 오염되어 가고 있다는 것이다. 이제 우리는 이 오염된 강물로 생활할 수 밖에 없다. 가장 흔하다 생각되던 물은 인구의 증가와 삶의 방식의 변화에 의해 이제는 흔하지 않은 것이 되어가고 있는 것이다.

기록에 의하면, 원시의 삶에서는 하루 동안 인간은 10-20 리더의 물만을 필요로 했다고 한다. 19세기에 기술이 발달한 유럽의 국가들에는 40-60리터의 물이 필요하였고 현재 문명국에서는 그 6배 이상의 물이 더 필요하다고 한다. 이 기하급수적 증가를 담당할 시설의 확충은 아직 요원하다. 그로인해 이 지구상에서 아직 물부족으로 살아가는 인구가 전 인구의 30%에 달하며 어린이 200만 명이 매년 물과 관련한 문제로 인해 죽어가고 있다. 세계가 물 문제를 개발과 투자의 최우선 순위로 취급하지 않는다면 세계 인구의 절반이 2025년에는 물부족 사태에 처하게 될 것이라고 전문가들은 경고하고 있다. 이처럼 인간과 물은 항상 함수적 관계에 있어왔다. 그러나 이제는 인위적 방법에 의한 개선 없이는 인간과 물의 연속적 관계를 유지할 수 없다.

국제신문 2013. 07. 28.

---

[1] 데이비스 (K.S. Davis) 물 - 과학의 거울, 소현수 역, 전파과학사, 1986

퀴리의 경고

과학적 사고 가운데 질적 수준이 가장 높은 것이 독창성이다. 특히 독창적 사고는 학계에 족적을 남긴 많은 과학자들이 그들의 연구를 위해 사용했던 공통된 도구였으며 그것을 키우고 다듬는 과정에서 얻어진 결과들은 과학발전의 표석이 되어 왔다. 그 과정에 있던 중간결과들도 또 다른 진리를 만나 다듬어지고 가꾸어져 새로운 결과를 생산해내는 끝없는 되먹임의 과학정신이 살아 숨 쉬는 통로가 된다. 원자력 시대의 선구자로 노벨상을 두 번씩이나 수상했던 퀴리부인(Marie Curie, 1867~1934)[1)]은 이렇게 다듬어진 과학정신을 "인간 사회의 가장 가치 있는 정신적 유산"이라고 했다. 이러한 "가치로서 과학정신"을 과연 우리 과학계에서도 찾아볼 수 있을까?

지금 우리의 국력은 지난 4-50년간의 세월을 지나오면서 크게 성장했다. 그 바탕엔 과학과 기술이 큰 힘이 되어왔음을 부정하지는 못할 것이다. 국력은 커졌고 RND투자는 GNP 대비 거의 선진국 수준에 접근했다. 국책연구비의 총규모는 커졌지만 과학정신과 관련된 결과는 아쉽게도 부족하다. 왜 그럴까? 과학계는 이 질문에 대한 확실한 대답을 가지고 있다. 과학정신이 살아 숨 쉬고 있는 기초과학에 투자가 부족하다는 것이다. 우리의 과학과 기술은 우리나라의 경제발전을 위한 도구로서 충실한 역할을 해왔으며 앞으로도 그럴 것이다. 그러나 우리나라의 국격이 지금 상태에서 한 단계 더 도약하려면 지금의 과학적 사고로는 불가능하다. 그 도약의 발판에는 고귀한 가치로서 정신적 지표가 있어야 한다. 그것은 50년 혹은 백년 후에나 인간의 보편적 삶에 도움이 될 가치로서의 과학이라 할 수 있다.

조선 초기 기일원(氣一元)의 철학을 확립하여 유물론적 철학을 주장했던 서경덕(화담, 1489~1546)[2]의 어렸을 적 이야기다. "어느 봄날 어머니가 소년 경덕에게 나물을 캐오라고 한 적이 있었다. 해거름에 돌아온 이 소년의 손에 들린 나물바구니는 비어 있었다. 어머니가 이유를 묻자 '종달새가 땅에서 하늘로 날아오르는데 하루 종일 그 일을 생각했습니다.'라 대답했다고 한다." 가족의 배고픔을 달래줄 나물바구니는 까맣게 잊어버리고 종달새의 비상(飛上)이라는 신기루 같은 자연현상에 몰입되었던 이 소년의 태도는 오늘을 살아가는 과학자들에게 큰 울림으로 다가온다. 이제 우리의 연구도 당장 나물바구니를 채우라는 명령보다는 "종달새의 비상"이라는 이상에 그 목표가 주어져야 한다. 그러면 우리의 과학정책이 이런 가치로서의 과학정신에 투자되고 있는가? 대단한 모순 같지만 지금까지는 비중 있는 지원은 이루어지지 않았다. 그 이유로서 우리의 국책 연구비는 너무나 눈앞에 펼쳐지는 새로운 패션에만 투자되고 있다. 그 길은 우리의 먹을거리를 바구니에 채우는 길이다. 종달새의 꿈보다는 나물바구니를 채우라는 명령이 연구비 분배로 이어져왔고 종달새만을 쳐다보던 학자들의 빈 바구니는 점차 그 동력을 잃어가고 있다. 지금까지는 과학이 과학을 위해서 존재하지 않고 우리의 식탁을 풍요롭게 하기 위해 존재했다는 자조석인 말로 표현하면 거짓은 아닐 것이다. 그 결과 먹고 살기위한 과학과 기술은 살아남았지만 가치로서의 과학은 아무도 돌보지 않은 잡초처럼 되어버렸다.

요즈음 민간연구기관에서도 기초과학의 중요성을 인식하고 투자하겠다는 움직임이 있어 과학계에서는 환영하지만 국책연구비의 분배방식은 재검토되어야한다. 그러지 못하면 우리 과학은 도약할 수가 없다. 그 도약이 없다면 과학의 미래도 없다. 일본과 독일과 같은 기초과학이 선진화된 국가를 보라. 중앙정부는 가치로서의 과학에 중점적으로 투자하고 지방정부는 먹거리를 위한 과학에 투자하고 있다. 그 결과는 거의 매년 나타나지 않는가.

백혈병으로 산화한 퀴리의 실험노트에서는 지금도 강력한 방사능이 흘러나오고 있다. 그녀는 왜 죽음을 앞두고 까지 "과학정신을 인류의 가치 있는 최고의 정신적 유산"이라 외쳐야 했을까? 노벨과학상이란 한 국가의 기초과학의 수준을 대표하는 상이다. 단순한 지적 호기심에 투자가 이루어지고 잡초를 키우는 학계의 보편적 성장이 이루어져 독창성을 가진 과학이 수많은 잡초 군락으로 여기저기에 자라나고 한 송이 곱게 핀 채색되지 않은 들꽃이 그중에서 피어난다면 그것은 바로 긴 기다림의 결과가 아니겠는가.

국제신문 2013. 05. 28.

---

1) 큐리부인(마리 퀴리, Marie Curie, Maria Skłodowska Curie, 1867~1934) 배우자 피에르 퀴리. 라듐을 발견한 폴란드 태생의 과학자 1911년 노벨 화학상, 1903년 노벨 물리학상, 1995 사망 후 61년 만에 남편과 파리 팡테옹 신전에 이장됨.

2) 서경덕(화담,1489~1546) 조선의 도학자, 이기일원론(理氣一元論)의 창시자. 소년시절 때 들판에서 새가 나는 것을 보고 "조모삭거상(朝暮數擧翔)"이라 했다고 전한다. 베슬을 하지 않고 오직 학문만을 하신 분으로 사람들은 화담의 도학을 이기일원론(理氣一元論)이라고 한다.

술

필자가 어학공부를 하던 시절 한 어학교재에 이런 글이 실려 있었다. "어느 날 코끼리가 기침을 하여 수의사가 그 코끼리에게 위스키를 한 병 먹였더니 다음날 아침에는 동물원의 모든 코끼리가 다 기침을 하더라." 물론 지어낸 신소리겠지만 술은 인간을 포함해 모든 동물이 다 좋아하는 음료임에는 틀림이 없다. 술을 좋아하는 동물 중에는 알프스 언저리에 널리 퍼져 살고 있는 참새보다 조금 크고 진한 갈색 털을 가진 돌레(Dolle)라는 알프스 텃새도 있다. 이 새는 썩은 과일을 너무 좋아한 나머지 가을이면 고양이의 먹이가 가끔 된다고 한다. 썩은 과일 속에는 알코올이 발효되어 있고 그것을 즐겨 파먹는 이 불쌍한 새는 나무위에서 취해 졸다가 바닥으로 떨어져 잠들어 버리면 지나가던 고양이는 술에 잘 저려진 고기로 만찬을 즐긴다한다.

우리도 과거에 시골에선 조상의 제삿날이 돌아오면 제주를 집에서 담그는 일이 가끔 있었다. 그러나 그것은 엄하게 규제되던 시절이었고 세무서 직원에게 이 비밀스런 밀주가 발각되는 날이면 많은 범칙금을 내야 했다. 그것을 피하기 위해 할머니는 대밭의 어느 비밀스러운 곳에 술댄지를 감추곤 하셨다. 그 할머니의 어설픔을 비웃기나 하듯 세무서직원보다 먼저 닭들이 그 술댄지를 찾아내어 향연을 즐기고는 몇 마리는 취해 그 자리에 꼬부라져 있다. 아버지는 술댄지를 망쳐 버린 이놈들을 제상에 올리기 위해 덩치 크고 멋지게 생긴 수탉을 먼저 우물가에서 다듬곤 하셨다. 이 상습범의 털을 뽑고 칼질해서 다듬는 동안 술에서 깨어난 암탉들은 비척거리며 줄행랑을 놓다말고 모가지를 길게 빼고 뒤돌아보며 이미 맨살이 들어내 바구니에 담겨진 수놈에게 취중에 한마디 한다. "살아도 죽어도 이 서방놈아, 네놈 찜에 내까지 죽을 뻔 했잖아!" 이런 풍경을 보며 자란 나에게는 애꿎은 술타령의 희생양은 역시 수놈들이었다는 것을 지금까지 잊지 못한다. 암탉이 먼저 희생되었다면 수탉은 무어라 하며 달아났을까? 아마 수탉은 큰 날개를 퍼덕이고 눈을 부라려 구경하던 아이들에게 술김에 화풀이로 해코지라도 했을 것이다. 일부다처제인 수탉은 특히 암놈들을 지키기 위한 위세가 대단했기 때문이다. 어린시절 나의 기억 속에 남아 있는 이런 시골풍경은 지금도 수채화처럼 정겹다.

옛날 대쪽 같은 선비들도 술에 대해서는 퍽이나 너그러우셨던 것 같다. 조선 시대 문인들은 계절 따라 피는 꽃을 감상하면서 술을 마시고 시를 읊었다 한다. 성균관에서는 봄이면 살구꽃을 구경하면서 술을 마시는 홍도연을 즐겼고 초여름 장미가 피면 그 아래서 장미음을 그리고 한여름에는 푸른 소나무 아래서는 벽송음을 즐겼다한다. 선비에게서 술은 자연을 시로 승화시키는 통로였을지도 모른다.

그러나 현대인에게 술은 부정적 요소가 많다. 술이란 자신도 모르게 제물로 올려 진 불쌍한 수탉처럼 인간을 한 순간에 질펵한 삶의 한 가운데로 보내곤 한다. 왜냐하면 술의 알코올 성분은 매우 짧은 순간에 인간의 뇌를 지배하기 때문이다. 지배자와 피지배자의 상관관계의 형성은 술을 마신 후 단 6분이면 가능하다. 6분이면 뇌는 알코올에 반응하고 뇌세포를 보호하는 크레아틴[1] 농도는 감소되며 뇌의 세포막을 형성하는 콜린[2] 역시 줄어드는 것으로 나타나 인간은 지배자의 어설픈 지령을 수행하는 보잘것없는 하수인이 돼버린다. 술이 이렇게 짧은 시간 안에 몸속으로 흡수되는 것은 분자의 크기와 관련이 있다. 알코올은 그 크기가 작은 분자로서 탄소 둘과 산소

하나로 골격을 이룬 화학적 구성을 가지고 있다. 술을 마시면 위장에서부터 흡수된 알코올은 산화되어 먼저 알데히드가 되고 더 진행되어 산이 된다. 이 산은 다시 탄산가스와 물로 분해되며 그램당 7킬로칼로리의 열량을 생산하는 고단위의 에너지를 가진 귀한 음식이 된다. 이는 우리의 주식인 밥이나 감자 같은 것의 탄수화물이 분해되어 4킬로칼로리를 생산해내고 기름덩어리인 지방성분이 약 9킬로칼로리를 생산해 내는 것에 비해 높은 열량을 가진 음식이다. 그러나 에탄올이 인체 내에서 산화되어 높은 열량을 공급하지만 그 산화작용에는 필수적으로 미량성분들이 강제로 소모된다. 그래서 술이 가져다주는 에너지는 실속이 적다. 그러나 이 실속 없는 에너지의 안전한 사용은 인간의 몫이다. 오늘은 그 몫을 위하여 건배….

국제신문 2013. 03. 28.

---

1) 크레아틴(creatine) 아미노산 유사 물질로 척추동물의 근육 속에 다량으로 존재. 인산과 결합하여 크레아틴인산으로 존재하다가 산소 결핍 시 근육에서 ADP를 ATP로 변화시키면서 다시 인산과 크레아틴으로 분해된다.

2) 콜린(choline) 신경의 흥분전달에 관여하는 물질. 흡습성이 강한 무색의 끈적끈적한 시럽 모양으로 생선 비린내가 난다. 강한 염기성을 나타내며, 공기 중에 방치하면 이산화탄소와 결합한다. 비타민 B 복합체의 하나로, 지방간의 예방인자로서 알려져 있다.

흐르는 강물처럼

시간여행에 대한 가정은 시제를 위반한 공상과학 영화나 동화속의 흥미 있는 이야기로 꾸며져 가끔씩 우리 곁에 다가오지만 자연이 시간과 함께할 때는 항상 미래로 향하는 한 방향만을 허용할 뿐 그것에 대한 가정은 성립되지 않는다. 이것은 마치 흐르던 강물이 다시 역행하여 원래의 위치로 되돌아갈 수 없는 것처럼 기름이 연소되면 열과 빛 그리고 물과 탄산가스를 내며 타버리지만 이 모든 것을 합하여도 다시 기름이 되지 못하는 현상과 같다. 이것이 열역학 제 2의 법칙 혹은 엔트로피(entropy)[1]의 법칙으로 설명되는 자연의 섭리이며 진리이다. 이 법칙의 키워드는 시간이며 그 흐름은 항상 무질서도가 증가하는 혼돈으로 향한다는 것이다. 이 방향성을 시간의 함수로 다시 표현해 보면 물잔 속에 떨어진 한 방울의 잉크가 시간의 흐름에 따라 물속으로 번져나가 듯 변화는 질서 있는 세상에서 무질서로, 단순한 것에서 복잡한 것으로, 미세분화 구조에서 세분화로 진행된다. 그리하여 엔트로피는 복잡계로 향하는 방향성을 잃지 않고 증가한다는 것이 이에 대한 해답이다.

우리의 삶을 엔트로피로 표현하는 것이 가능하다면 탄생은 그 에너지의 증가가 막 시작되는 순간이라 정의할 수 있다. 인간은 유년기를 지나고 청년기를 지나면서 점점 복잡계로 접어들게 되고 지나온 시간만큼 엔트로피는 증가하게 된다. 그 증가는 장년을 지나 노년이 되어 임종의 자리에 오게 되면 무한대에 이르게 되고 그 무한대의 에너지는 다시 제로에 수렴된다. 무한대와 제로의 상태가 같아진다는 이 에너지법칙은 역설적이지만 죽음과 탄생의 순간은 같은 에너지 상태가 된다는 것과 같다. 탄생에서 죽음에 이르는 이 에너지는 또 진화의 고리로 연결된 복잡계로 열려져있다. 다만 이 둘의 차이가 있다면 지나온 것에 대한 추억과 미래에 대한 기대치가 아니겠는가? 엔트로피를 우리의 인생살이에 빗대어 말하는 것은 물론 가설에 불과하지만 이 에너지 법칙은 사회의 많은 분야에 접목되어 인구에 회자되는 한 흥미 있는 현상이 되고 있다.

카오스(chaos) 즉 혼돈이 증가하는 이 에너지 계(system)는 항상 우리에게는 긍정적 방향으로 진화해 왔다. 그 에너지는 벽을 만나도 흐름의 방향성을 잃지 않는다. 그러나 이 법칙의 해결되지 않는 문제 중의 하나는 오늘의 조건을 제아무리 정확히 알고 있어도 미래는 항상 불확실성이 존재하며 현재와 미래 그리고 질서와 무질서사이의 관계는 혼돈과 시간이라고 할 수 있는 상관함수의 풀이로 항상 이어져왔다. 이 복잡하고 난해한 자연현상을 단순화시키고 더 나아가 그 설명이 한 줄의 방정식으로 표현되기 위해 과학자들은 노력해왔다. 이것은 또 과학이 작은 미립자의 음직임에서부터 대기의 변화와 같은 복잡하고 변덕스러운 거대현상에 이르기 까지 적용해 왔던 방법이다. 왜냐하면 모든 현상은 어떤 보편적 질서에 의해서 움직이며 연속적으로 진화하는 자연의 일부라는 사실을 잘 알기 때문이다. 따라서 미래로 향하는 이 흐름은 엔트로피의 고리로 연결되어가는 사회 안에 자리 잡은 보이지 않는 질서이며 물이 흐르는 것만큼이나 자연스러움으로 다가오는 자발적 현상이다. 또한 그 흐름은 벽을 만나도 흐른다. 벽은 보편적 질서를 막을 수 있는 걸림돌이 될 수 없기 때문이다.

성경에도 "쟁기에 손을 대고 뒤를 돌아보는 자는 하느님 나라에 합당하지 않다(루카9:62)"라는 구절이 있다. 과거 역사에 획을 그어 역사의 흐름을 주도했던 사건들 그리고 그 일을 참여했던 분들은 우리에게 항상 아름다움을 지나 존경의 대상이 되어왔다. 그러나 그것은 과거의 시제 속의 지나온 시간에 대한 증가하는 엔트로피의 한 현상이었음을 우리는 알아야한다. 그 응어리들이 다시 역사라는 자연계 속으로 흐르는 강물의 흐름을 막아서는 안 된다. 그 흐름은 미래로 향하고 있는 진화의 한 방법이며 또 그렇게 흐를 수밖에 없다. 현실은 우리에게는 많은 것을 주고 과거를 미래로 연결시키는 가교의 역할을 하고 있다. 과거에 집착하여 흐름을 방해하는 것이 결코 자연스럽지 못한 현상임을 알아간다면 현재는 또한 복잡계로 향하는 엔트로피의 증가와 함께 흐르는 강이 될 것이다.

국제신문 2013. 01. 07.

---

[1] 엔트로피(entropy) 자연계의 무질서도를 나타내는 양. 엔트로피는 그리스어로 변형이라는 트로피(tropy)와 에너지(energy)를 결합해 19세기 후반에 물리학자 클라우지우스(Rudolf Clausius)가 만들어낸 단어다로 자연은 무질서한 상태로 되려는 경향이 있고 이를 엔트로피가 증가한다고 한다.

전기자동차 그 반쪽의 부활

자동차에 하이브리드라는 새로운 구동형식이 더해지면서 차세대 자동차의 진화방향이 점차 가시화 되고 있다. 가솔린 자동차가 하이브리드로 진화되어야 하는 필연적 이유는 석유 자원의 고갈과 환경오염이라는 넘어설 수 없는 한계 그리고 전기적 동력만으로는 원만하게 자동차를 운행하기에는 아직 부족한 기술력 등 복합적 원인들이 바탕에 깔려 있다. 하이브리드자동차는 일정 거리를 전기가 제공하는 동력으로 주행하고 배터리 용량이 떨어지면 가솔린 엔진이 가동되고 잉여에너지에 의해 충전이 완료되면 전기의 힘만으로 다시 구동되는 차량을 말하고 있다. 이 차량은 가다 서다를 반복하는 도심에서 연비향상과 대기오염의 제어에 크게 기여할 것으로 기대되고 있다.

그러나 전기로만 구동되는 전기자동차가 1800년대 중반부터 개발되어 시속 100킬로미터 이상이 구현되었다는 사실을 아는 사람은 그리 많지 않다. 이 전기자동차는 현재 우리가 사용하는 자동차의 프레임에 가솔린엔진을 대신해 모터와 배터리를 장착한 형태였다. 지금 우리 앞에 미래형 자동차의 모델로 등장한 하이브리드 자동차도 가솔린차의 프레임위에 전기자동차의 기술이 접목된 융합형 기술이다.

약 백여 년 전까지만 해도 매연, 소음, 그리고 가끔씩 일어났던 엔진의 폭발사고 등 많은 문제점을 가졌던 가솔린 자동차에 비해 전기자동차는 안전하고 깨끗하며 조용하여 가솔린차보다 더 우수하다는 평가를 받아왔다. 그러면 왜 이 매력적인 전기자동차는 박물관으로 가버렸을까? 자동차가 처음 보급되던 그 시절에는 자동차는 시내 주행 같은 단거리에만 사용되었고 전기자동차가 지닌 문제점으로 충전에 많은 시간이 필요하다는 것과 한번 충전으로 달릴 수 있는 주행거리가 얼마 되지 않는다는 점 등은 별로 심각한 것이 아니었다. 그러나 도시와 도시를 이어주는 도로여건이 점차 개선되고 잘 포장된 고속도로가 생겨나면서 긴 도로 위를 마음껏 달려가고 싶은 인간의 욕망은 주행거리와 충전시간이 제한된 전기자동차로부터 점차 멀어지게 되었다. 이에 반해 한 번의 연료주입으로 장거리 여행을 할 수 있는 가솔린 자동차의 진화는 많은 사람들을 매료시켰다. 뿐만 아니라 가솔린자동차는 대량생산체제로 바뀌면서 가격도 저렴해져 전기자동차의 입지는 크게 줄어들었고 1930년대에 이르러서는 전기자동차는 결국 생산이 중단되었다. 당시에 일어났던 전기자동차의 퇴출은 결국 기술이 시대정신을 따르지 못해 일어났던 상징적 사건은 아니었을까?

전기자동차를 박물관으로 보내버린 가솔린 자동차도 해를 거듭하며 새롭게 진화했지만 이 또한 한 시대를 대표하는 과학과 기술 그리고 그 기술이 진화해 가야하는 환경의 범주 안에서만 가능한 것이다. 자동차뿐만 아니라 모든 진화는 보다 단순하고 일반적 방향으로 진행됨으로서 지금까지는 관련이 없던 현상들까지도 하나의 목표를 향해 참여되는 포용성을 가지게 된다. 그것은 마치 과학 활동에서 새로운 실험적 관찰이 이루어지고 새로운 개념이 발견되면 기존의 진리는 언제나 수정되어야 한다는 과학의 일반적 진화방식과 맥을 같이 하고 있다. 이번에는 가솔린차의 문제점을 보완키 위해 전기차가 힘을 보탠 것이다.

거의 100년 만에 박물관을 탈출하여 다시 돌아온 전기자동차의 반쪽의 부활은 머지않아 완전한 전기차로 진화할 것이다. 지난 세기에 우수기술이던 전기자동차를 박물관으로 보냈던 것이 바로 가솔린 자동차였다면 100년 만에 다시 부활한 반쪽 전기자동차는 이번에는 가솔린차를 박물관으로 보낼 기세다. 사실상 전기적 힘으로 움직이는 자동차는 여전히 주행거리에 제한을 받고 있으며 충전에 많은 시간이 소요된다. 그러나 관련 분야 과학기술은 진화하고 있다. 특히 전기자동차의 핵심부품인 배터리는 점차 가벼워지고 효율도 증가해가고 있다.

과학은 이렇게 자발적 과정을 거치며 여러분야가 함께 진화한다. 이 종합지식에 의해 만들어지는 자동차의 진화는 영원히 끝나지 않을 것이다. 왜냐하면, 오늘이 과거를 기억하고 미래는 동경 속에서 새로워지는 것처럼 과학은 그 자신의 힘에 의해 다음 세대를 향해가는 끝없는 되먹임의 고리로 연결된 영구기관(perpetual machine)이기 때문이다.

국제신문 2012. 10. 13.

---

[1] 영구기관(perpetual machine): 열을 모두 남김없이 일로 변환시키는 기계장치로 열역학 1, 2법칙에 어긋나기 때문에 실제로는 만들어질 수 없다. 그러나 이것이 영구운동이 불가능함을 의미하지는 않는다.

소명

슈베르트의 가곡을 멋지게 부르던 토마스 크바스토프(Thomas Quasthoff)[1)] 교수, 그는 1959년 독일 힐데스하임에서 선천적 장애를 안고 세상에 태어났다. 그의 키는 132㎝이고 팔이 없이 손만 어깨에 붙어있는 큰 머리를 가진 성악가이다. 그가 장애를 안고 세상에 태어난 것은 그의 어머니가 임신 중 탈리도마이드(thalidomide)라는 진정제를 복용했기 때문이다. 그의 노랫소리는 감미롭고 부드럽지만 그는 "탈리도마이드 베이비"로 일생을 살아야 했고 이 약화사건은 과학자에게는 그들의 소명을 생각게 하는 중요한 계기가 되기도 했다.

탈리도마이드는 독일 그륀엔탈(Grünenthal)이라는 제약회사에서 1957년 10월 1일 진정제로 발매되어 1961년 11월 독일의 한 신문이 이 진정제를 복용한 임산부들이 기형아를 출산한다는 기사를 실어 발매가 중단되기까지 40여개국가로 수출

되었고 그사이 출산된 소위 "탈리도마이드 베이비"는 일만 명을 상회했던 일종의 약화사건의 주범이었다. 그러나 이 약은 당시에는 일종의 진정제로 독성 없는 "기적의 약(wonder drug)"으로 선전되었고 임산부의 입덧방지에는 뛰어난 효과가 있었던 약이었다.

이 약화사건을 지켜보던 이 약의 제조과정에 참여했던 과학자들의 자괴감은 말할 수조차 없었다 한다. 그들의 죄책감은 아마 돌팔매 앞의 "간음한 여인"의 심정이었을지 모른다. 그러나 과학자들은 여기서 그들의 연구를 중단하지 않았다. 그들은 장애발생 원인을 찾기 시작했고 1964년에 이 약에 대한 한센병 환자의 염증치료효과가 임상시험을 통하여 증명된 것을 계기로 항염증치료효과에 대한 연구를 시작하여 1998년에는 탈리도마이드가 한센병환자의 합병증치료제로 발매되었다. 진정제에서 항염증치료제로 용처가 바뀐 것이다. 그들은 더 나아가 보다 근본적인 기형유발 메커니즘에 관한 많은 연구를 진행하여 이 약이 임신 초기 태아의 팔과 다리가 생성되는 시기에 필요한 혈관생성을 억제하여 기형을 유발한다는 것을 밝혀냈다. 이러한 사실을 바탕으로 탈리도마이드를 암세포성장에 필요한 혈관생성을 억제하는 연구에 접목하여 다시 탁월한 효과를 인정받게 된다. 그 결과 매출은 급신장하여 한센병 치료제로 발매된 후 2004년에는 3억 달러, 항암제로 역할이 시작된 2008년에는 5억 달러, 그리고 2010년에는 25억 달러의 매출을 기록하며 화려하게 부활하였다. 저주의 탈리도마이드가 구원의 신약이 된 것이다. 이리하여 탈리도마이드는 모든 약품의 개발과정에는 부작용연구를 강화해야한다는 교과서적 교훈을 남긴 약품이 되기도 했다.

탈리도마이드는 또 미국의 FDA(식품의약청)의 명성을 높이는데도 일조하였다. 1960년 9월 탈리도마이드는 미국 내 판매허가를 위한 심의가 신청되었고 이때 심의를 담당관은 Kelsey[2)]라는 여성 공무원이었다. 그는 제출된 탈리도마이드의 안전성자료가 부족함을 발견하고 자료보완을 요구하면서 미국 내 판매를 허가하지 않았다. 그 결과 그 여성공무원은 1년 이상 제약회사의 로비에 의한 압력과 협박에 시달려야 했고 그 정도는 상상을 초월했다고 한다. 그러나 그녀는 공무원으로서의 그의 소명을 저버리지 않았다. 그러는 사이 유럽에서 탈리도마이드의 기형아 유발의 문제가 보도되면서 그 약은 자연적으로 미국에서 시판되지 않았다. 그렇게 되어 미국은 탈리도마이드의 피해로 부터 자유로울 수 있었으며 Kelsey는 이 공로로 케네디 대통령으로부터 대통령상을 수상하였고 그녀는 미국역사상 여자로는 두 번째로 대통령상을 수상한 공무원이 되었다. Kelsey는 2005년 FDA에서 은퇴하였고 2010년에는 그녀의 공로를 기리기 위한 우수한 FDA직원에게 수여하는 "Kelsey 상"이 제정되기도 했다.

한 공무원이 소명으로 지켜내고자 했던 가치는 그들에게 건강한 후손을 선물하였다. 또 과학자의 자기분야에 대한 소명도 약화사건의 중심에 있던 저주의 약품에서 구원의 약품이 개발되는 효과를 얻을 수 있었다. 인류 역사는 한 시대를 살아가는 개인의 직업에 대한 소명과 몸 바쳐 일한 그들의 노력에 의해 발전되어 가는 것이 아닐까? 오늘도 검찰로 부름받은(?) 우리의 지도자들, 그들이 망각한 "소명(부름 받음)"은 우리 모두에게 아픔으로 돌아온다는 것을 잊은 그들은 분명 패륜아들이다.

국제신문 2012. 08. 28

---

1) 토마스 크바스토프(Thomas Quasthoff, 1959년 11월 9일 ~): 탈리도마이드 장애를 안고 태어난 독일의 베이스-바리톤 성악가. 낭만파 가곡, 바흐의 바로크 칸타타, 재즈 즉흥 독창 등 넓은 영역을 연주한 음악가. 현재 베를린 한스 아이슬러 음악학교의 교수로 재직. 그래미상을 수상한 앨범으로 어린이의 마술 뿔피리, Des Knaben Wunderhorn(2000), 슈베르트 가곡집(2004), 바흐의 칸타타 앨범(2006), 재즈 앨범 The Jazz Album: Watch What Happens(2006), 브람스: 독일 레퀴엠(2008) 등이 있다.

2) Frances Kathleen Oldham Kelsey, Ph.D., M.D., (24. 06. 1914~): 약학자, 미국의 FDA의 직원, 탈리도마이드의 안전성에 대한 공정한 심의로 미국에서 탈리도마이드의 약화사건을 막았다.

바다: 혼돈과 기다림

비 내리는 포구의 풍경은 정겹고 종종 우리를 추억에 잠기게 한다. 그 바다를 가만히 보고 있노라면 "비는 바다의 한숨, 하늘의 눈물, 들판의 미소"라 했던 지브란의 시운이 물결 위로 방울져 흐르는 듯하다. 그러나 우리의 바다는 추억 속에 희미한 사건이나 시인의 한숨만 서려 있는 그런 곳만은 아니다. 바다는 우리 삶의 현장이고 과학으로 풀어야 할 공간이며 또 우리가 지켜 가야할 자원의 미래가 담긴 보루와 같은 곳이다.

바다는 지구의 역사만큼이나 긴 시간을 기다려 왔던 기다림이었다. 태초에 이 땅이 어둡고 뜨거운 땅이었을 때, 매일같이 폭우가 쏟아져 빗물은 뭍에서 모든 것을 운반해 낮은 곳을 메우고 그 안에 다시 머물게 하였다. 이때부터 마른 땅 영역으로 나누어졌다. 대부분이 바다로 이루어진 수권은 육지에서 운반되어온 미네랄들을 서로 섞는 긴 섞임의 시간을 거처 해

수 속에 녹아있는 미네랄들의 평균 비가 어느 곳이건 같아지는 염분일정비법칙(law of the regular salinity ratio)[1)]이 적용되는 오늘의 바다로 진화하였다. 이 10억년의 긴 기다림은 오직 이 쉬임만을 위한 시간이었으며 이는 지구의 역사 40억년의 초기에 해당되는 시기이기도하다. 이렇게 형성된 해양의 평균 수심은 3,730m이며 태평양 북서쪽에 위치한 가장 깊은 곳인 챌린저 심해는 수심 10,883m나 된다고 한다.

과학자들은 때로는 불안정하고 때로는 고요한 모습으로 다가오는 이 바다의 복잡하고 신기한 역학관계를 매력적인 연구주제로 생각해왔다. 최초의 생명체를 잉태하여 창조시킨 바닷물은 현재도 수증기 되어 대기권(atmosphere)[2)]으로 날아가고 다시 바람과 구름 되어 그 위를 떠돌다 비되어 고향으로 돌아온다. 그런 이 불안정한 순환과정은 신기하게도 그 속에 살아가는 모든 생명체들을 위한 최적의 조건을 제공하고 있다. 이 긴 기다림의 바다는 그 위를 지배하는 대기권과 다른 열적 평형을 갖는 공간으로 진화하여 차별화된 생명체들이 살아갈 수 있게 하였다. 또 이 수권은 열용량이 공기의 그것보다 3000배 이상 되어 데워지거나 냉각되기 어려운 유별난 성질을 가지고 있다. 따라서 바다는 거대한 태양에너지를 저축하는 창고의 역할을 해 지구의 열적 안정화 장치로 중요한 역할을 하고 있다.

이 바다는 미세조류와 플랑크톤에서부터 고래에 이르기까지 다양한 여러 종류의 생물들이 살아가는 생명체들의 고향이다. 따라서 바다는 우리가 살아가는 공간에서 가장 거대한 생태계이며 신비로운 동식물들의 생활권인 동시에 현대를 살아가는 우리에게는 아직 개발되지 않은 자원의 보고라 할 수 있다. 반짝이는 이 보물창고에는 석유뿐 아니라 미래에 유용한 자원으로서 석유를 대체할 것으로 예측되는 해저의 불붙는 얼음 메탄하이드레이트라는 유기물과 전자제품에 필수적이며 현대산업의 비타민이라고 칭하는 희토류금속 등 해저자원이 바로 그것이다. 지구 표면의 70%는 바다이고 아직 개발을 기다리는 지역이다.

과학적이건 정치적 이유에서건 간에 이 해양자원에 접근하려는 이웃 국가들의 음직임은 매섭기만 하다. 중국보다 많은 해양국토를 가진 일본은 지금도 해양국토를 넓혀가는 것을 멈추지 않고 있다. 이는 우리가 해양을 영토라는 개념으로 보지 않던 19세기 말부터 시작된 것이며 무인도를 자국의 영토로 편입시켜 과학시설을 설치하고 거점화 하여 엄청난 해양국토를 확보했다. 독도에 대한 억지 주장도 이와 무관치 않다. 중국의 해양에 관한 관심도 예전과 다르다. 그들은 지금도 인접국들과의 끝없는 영토분쟁의 씨를 그들의 앞바다에 뿌리고 있다. 우리가 해양에 대한 더 깊은 관심을 더 가져야 하는 분명한 이유가 여기에 있다. 특히 부산은 바다로 향하는 우리의 관문이며 바다에서 창출되는 부가가치의 증대를 위한 노력이 필요한 곳이다. 육지 보다 바다 그 자체의 부가가치가 더 돋보일 때가 꼭 올 것이다.

바다는 혼돈 속에서 태어나 기다림으로 현재를 잉태하였다. 미래의 바다는 준비하고 기다리는 자에게 동반자 되어 다가올 것이다. 바다는 기다림의 살아있는 우리의 역사이고 미래의 반짝이는 보고이기 때문이다.

국제신문 2012. 05. 26.

---

[1] 염분일정비법칙(law of the regular salinity ratio): 염분비 일정의 법칙이라고도 함, 바닷물 안의 염분 농도는 달라져도 염들 사이의 상대적 비율은 항상 일정하다는 법칙이다. 19세기 영국의 군함 첼린저호가 세계의 77개 해역의 바닷물을 조사한 결과 각 해역의 염분농도는 다르지만 바닷물 속에 들어 있는 각 염들의 비율은 일정하다는 사실 것을 발견함. 이는 전 세계의 바닷물이 골고루 잘 섞이고 있다는 것을 뜻한다.

[2] 지구는 수권(aqueousphere), 지권(lithosphere) 그리고 대기권(atmosphere)이라는 3개의 영역으로 나누어져 있다. 수권(aqueousphere)은 지구상의 물이 존재하는 곳으로 지구 표면에 해양, 호수, 하천, 얼음 등과 같은 형태로 분포. 지구 표면의 71%가 물로 덮여 있으며 넓이는 지구 표면의 약 2/3를 차지한다. 해양이 그 대부분을 차지하며, 지구상의 물의 총량은 13～14억 km^3에 이르는데, 이 중에서 해수의 비율이 97.2%이고, 빙하와 얼음이 2.15%를 차지한다. 약 0.65%만이 호수, 강, 지하수 등 이다. 수권의 역할은 대기권, 지권으로 물을 공급하고, 물의 순환을 통해 열에너지를 전달한다.

[3] 메탄 하이드레이트(methane hydrate): 빙하기 시대 이후 해저 또는 동토지역에서 고압, 저온으로 형성된 메탄의 수화물이며 해저에는 지하에 매장된 탄소화합물량의 거의 2배에 가까운 메탄하이드레이트가 존재하는 것으로 알려져 있다. 1cc의 메탄하이드레이트는 표준상태의 메탄 160cc에 해당된다.

하늘과 공간

화가는 하늘을 보며 그들의 생각을 화폭에 담고 과학자는 그 하늘에서 공간을 생각한다. 과학의 발전이란 이상을 향한 과학자의 꿈이 실현되는 과정이며, 그 과정에는 무수히 많은 과학자들의 꿈의 편린들이 스스로 모여 변화를 유도한다. 그 변화가 현장기술에 접목되어 하나의 흐름이 되고 이것은 또 과학과 기술이 열어가는 세상으로 진화한다. 이러한 기술의 변화를 보고 있노라면 그 기반이 되었던 과학의 힘에 실로 놀라지 않을 수 없다. 특히 요즈음 같이 많은 학문의 분야가 서로 융합되어 고유의 색깔마저 흐려져 갈 때는 더 더욱 그러하다.

지금 우리가 살고 있는 이 시대에 과학과 기술이 융합되어 나타난 대표적 분야가 나노(nano)기술인 듯하다. 새로운 것처럼 포장되어 나타난 이 기술은 오늘 우리에게 혜성처럼 갑자기 나타난 것 같지만 그것은 오랜 과학의 뒤편에 서성이던 허수(imaginary)[1)]의 세계가 전면으로 나온 것뿐 별다른 의미는 없다. 나노는 원래 길이의 단위로 쓰여 오던 것으로 파장과 같은 작은 실체에 대해 적용되어왔다. 그리고 지금도 그렇게 사용되고 있다. 그런데 자연계에서 널리 사용되던 단순한 길이의 단위가 기술적 목적을 가진 실용적 가치로 쓰이게 된 데는 과학자의 수많은 노력과 그들의 호기심 많은 접근방법이 뒷받침되고 있다.

지난세기 중반까지만 하더라도 과학자들은 그들이 가지고 있던 생각을 근본에 접근시키려고 무던히 노력해 왔다. 그리하여 자연과학을 여러 세부분야로 나누고 물질을 자르고 또 잘라 결국은 원자를 만들어 내고 또 그 속에서 그보다 더 작은 미립자들을 보게 되었다. 과학자들은 그들의 생각들을 나누고 또 나누어 결국은 그 공간 속으로 집어넣었다. 입자 속으로 들어간 과학자들의 생각은 그곳이 놀랍게도 우리의 세상이 아닌 허수가 지배하는 공간임을 밝혀내었다. 과학자들은 그 허수의 세상이 무한히 작은 실체들의 공간이며 동시에 그들의 세계는 희미한 실루엣처럼 안개 같지만 이 희미한 공간은 세상의 질서와 다른 방법에 의해 운영되고 있는 그들만의 공간임을 알게 되었다.

그동안 과학자들이 행했던 이 미지세계를 향한 여행은 결과적으로 이 맹랑하고 장난스러운 입자(particle)들의 세계가 인간세상의 것이 아닌 제 4의 공간 안에 머물고 있다고 결론지었고 과학자들은 다시 이 편린들을 모아 전체를 보려는 새로운 역방향의 여정을 구상하였다. 과학자들은 이 부서진 조각들을 다시 모아 거시적(macroscopic) 존재로 만들기 시작하였다. 이 거시적 존재는 우리의 공간 안에 머물며 우리의 질서를 따르는 동시에 그들만의 질서를 가지는 크기의 입자로 우리 앞에 다가온 것이다. 이것이 나노입자이다. 이처럼 나노에 대한 접근법에는 과학자들의 애절한 사랑이 담긴 어지러운 사고가 새겨져 있다. 이 새롭게 디자인 된 나노 입자들은 여러 가지 기술을 만나 그들만의 하늘에 새로운 모양의 그림을 그리고 있다. 나노세상은 지금까지 여러 갈래로 나누어졌던 분야가 서로 협동하지 않으면 이룰 수 없다. 이 나노이론이 기술과 합쳐지면 만류인력과 양자역학이 동시에 지배하는 양면성을 가진 새로운 하늘이 열리게 되고 또 의술과 합쳐지면 생명에 대한 우리의 해석이 달라진다. 즉 허수의 세상이 실수(real number)의 세상과 공존하는 새로운 공간이 나노의 세계라 할 수 있다.

우리의 과학에 대한 접근법도 많은 부분 바뀌고 있다. 지금까지 과학자들은 여러 갈래로 나누었던 학문의 다양한 분야들을 다시 모아들이고 있다. 다시 모우는 이 융합과정에는 과학과 예술, 과학과 사회 등 더욱더 이질적 분야가 포함되고 있다. 이제 과학의 힘은 예술가들은 영역에서도 배제되지 않는다. 즉 우리의 자동차가 단순한 수송수단을 넘어 삶의 움직이는 공간이 되었듯 토스트를 굽는 주방기구는 하루 10분을 위해 존재할 수만 없다. 나머지 1430분의 시간을 위해서도 고려될 실용과 예술의 조건을 가져야한다. 역사적으로 문화화 되지 못한 예술은 사라졌다. 객관화되지 못한 과학도 모두 사라졌다. 과학의 의미가 이미 객관화된 문화의 형태로 우리 삶의 공간 안에 내재한다는 것이다. 다가오는 과학의 날을 맞아 과학자의 공간과 예술가들의 하늘을 생각해본다.

국제신문 2012. 04. 17.

---

[1] 허수(imaginary): 거듭제곱하여 음수가 되는 수로 1572년 이탈리아의 수학자 라파엘 봄벨리가 허수 단위를 정의하였다. 이후 르네 데카르트가 상상의 수(imaginary numbers)라고 부른 데에서 허수라는 이름이 정착되었다. 허수라는 이름은 오일러와 가우스에 의해 널리 알려졌으며, 오일러는 허수 단위 기호를 i로 표현하였다.

추상의 텃밭

물리나 화학을 전공하지 않은 사람들에게는 다소 생소하게 들리겠지만 자연의 섭리를 설명하고 정리하는 방법 중에 불확정성원리(uncertainly principle)라는 것이 있다. 이것은 소립자의 움직임을 관찰하다 보면 입자의 정확한 위치와 속도의 추적이 본질적으로 불가능하다는 이론으로 하이젠베르크가 아인슈타인의 관찰에 대한 정의를 듣고 영감을 얻어 완성했다고 하는 과학의 한계성을 철학적 해석으로 풀이한 흥미 있는 이론이다. 이 추상적인 이야기는 공간을 떠도는 미립자의 속도를 추적하다 보면 위치의 정확성이 상실되고 위치를 추적하다 보면 속도를 측정할 수 없다는 이중성의 논리이다.

이 미립자의 음직임은 달리는 전동차가 일정한 시간이 지나면 어느 장소에 도착되는 것을 예견한다든지 우주선의 도착지점과 시간을 동시에 예측할 수 있는 등 삼차원 공간에서 움직이는 물질에 작용하는 중력이 지배하는 세상과는 다르다. 이것은 원자나 분자가 속한 양자(quantum)공간에서 일어나는 현상이다. 이 소우주는 3차원 공간에 파동이라는 새로운 차원이 더 첨가된 이른바 4차원으로 구성된 새로운 세상으로 이 공간에 존재하는 주민은 전자와 같은 소립자들로서 이들의 행동방식은 아직 인간의 지식으로는 정확하게 표현할 수가 없다. 따라서 이 작은 세상은 아직 많은 부분이 "불확정성"과 같은 추상적 표현에 의해 묘사되며 마치 안개 같은 모습으로 어렴풋하고 희미한 형상으로 우리에게 알려져 있다.

지금껏 과학은 이 소우주에 속한 자연현상을 연구하기 위해 대상을 나누고 또 나누어 세분화된 각각의 조각들을 설명하려고 노력해 왔다. 그것은 종합적이고 과학적이며 철학적인 접근으로 이루어져야 할 자연에 대한 설명이 관찰자에 의해 매우 작은 편린들로 나누어지고 그 한 조각 한 조각들이 자체의 특성을 갖는 조각들로 설명되었고 또 그 일부를 모아 전체인 것처럼 설명되어져 왔다는 것이다. 이것은 마치 물고기 한마라에서 떨어져 나온 한 조각의 비늘이 물고기 전체의 그림으로 그려진 것과 같은 현상이다. 그러나 21세기의 과학은 이러한 조각들을 합하여 다시 본래의 모습으로 되돌려 보려는 시도들이 점차 구체화되고 있다. 그 첫 시도가 물질과 양자의 만남인 나노(nano)이다. 이것은 지금껏 과학이 나누었던 여러 분야들을 서로 이어주는 종합과학의 모습으로 우리에게 다가오고 있다.

지극히 일반적인 사고라 할 수 있지만 과학은 관찰하려는 대상과 관찰자의 감각이 서로 공명하여 정하는 규칙과 같은 것이다. 나노와 물질의 만남은 두 개의 서로 다른 세상이 한 지붕아래에서 만나는 것으로 상상의 공간 속을 날아다니는 봉황이 실제적 공간인 하늘을 날고 있는 것과 같은 것이다. 그러나 이 새로운 만남도 결코 객관적 관찰에서 독립될 수 없으며 매우 두꺼운 반복의 벽에 의지해 돌아가는 되먹임의 궤도라 할 수도 있다. 적절한 예가될지는 모르지만 1910년 에를리히(Paul Ehrlich, 1854-1915)[2)]에 의해서 발견된 "살바르산 606"은 그가 606번째 실험에서 얻어진 결과로 600번이 넘는 실패를 극복하고 얻어진 신비의 신약이었다. 따라서 자연이 정해준 과학적 추상은 객관적 표현이 정상처럼 보일 때까지 반복되며 그 표현은 3차원적 공간에 머물지 않고 무한의 가능성이 존재하는 차원으로 비약될 수도 있다. 이처럼 과학은 자유로운 상상력의 텃밭에 씨를 뿌려 긴 시간 속을 되먹임 해야만 성장될 수 있다.

그러나 무엇보다도 더 중요한 것은 과학자가 가지는 이 자유로운 상상의 텃밭은 훼손되거나 변질되어서는 안 될 소중한 재산이다. 그것은 미술가가 그리는 한 폭의 그림 위에 나타나는 작가의 숨은 감정과 같다. 다만 예술가의 표현과 과학의 텃밭이 다른 점은 후자의 경우는 객관화되어야 한다는 것이다. 즉, 반 고흐의 해바라기는 반 고흐에 의해서만 그려질 수 있다. 그러나 아인슈타인의 상대성원리는 아인슈타인만의 것은 아니다. 그가 발견하지 않았어도 누군가에 의해서 그보다 훗날 발견될 수밖에 없는 자연적 현상이며 이것이 예술가의 표현과 과학의 추상이 다른 점이다.

과학적 추론은 주관적 사고가 완전하게 배제된 상상의 텃밭에 뿌린 씨앗이다. 훌륭한 과학 지식은 과학자들의 자유스러운 창조활동에서 얻어지는 산물이다. 이것은 억지스러운 지원과 기대만으로는 나타날 수 없는 불확실한 과학의 미래이기도 하다.

부산일보 2004. 06. 18.

---

1) 양자(quantum): 어떤 물리량이 연속값을 취하지 않고 비연속값을 취할 경우, 그 단위량을 가리키는 용어로 원자의 물리적 량을 표현할 때 쓰인다.

2) 에를리히(Paul Ehrlich): 화학요법을 처음으로 시작한 독일의 세균학자이며 혈청요법, 화학요법과 면역학의 새 분야를 열었다. 처음으로 매독의 효과적인 치료법을 발견했다. 1908년 일리야 메치니코프와 함께 노벨 생리학·의학상을 공동 수상했다.

기다림의 바다

우리에게 바다는 무엇인가? 바다는 우리에게 거친 삶의 현장이며 내일로 가는 역동적 힘이 살아 숨 쉬는 곳이다. 바다는 가장 오래된 피조물이며 우리의 미래를 위한 무한한 대안이 숨은 곳이다. 그러기에 인간은 바다를 동경하고 꿈꾸며 그곳에서 지혜를 얻으려 한다. 바다는 최초의 생명을 잉태한 곳이며 생명체를 키우는 자양분이 살아 숨 쉬는 곳이기에 과학이 있고 철학과 예술적 영감이 공존하는 삶의 공간이다.

40억 년 전의 지구는 혼돈이 머물던 원시의 공간이었다. 마른 땅에서는 수증기가 끊임없이 분출되고 어두운 하늘에서 비가 하염없이 쏟아지던 컴컴한 별, 그것이 지구였다. 이곳에 빗물이 점차 고이고 빗물과 함께 쓸려온 미네랄 성분이 서로 조합하여 짠맛이 만들어져 점차 바다가 모습을 드러내 보였다. 이렇게 생겨난 바다는 지구 표면의 71%를 차지하는 광활

한 공간이 되었다.

바다는 그 평균 수심이 3천700m나 되고 가장 깊은 곳인 태평양 북쪽 마리아나해구의 수심은 무려 1만883m나 되며 1조 2천억 톤의 해수로 채워져 있다. 이 해수는 창조의 순간에서부터 지금까지 끊임없이 수증기를 발생시켜 구름과 비를 만들고 이 빗물은 육지의 미네랄을 녹여 바다로 운반해 와 생명이 필요로 하는 자양분을 공급하고 있다. 이 자양분은 물속에서 규칙적이며 일정한 간격으로 배열되어 생명이 잉태할 수 있는 최적의 조건을 제공하고 생명체의 삶을 가능케 한다.

생명이 없던 바다에서 처음 생명의 기운이 느껴진 것은 약 30억 년 전 일로 질소 혹은 질소성분과 탄산가스가 빛 에너지와 열에 의해 단세포식물을 만들어 지고 이것에서 시작된 생명체는 진화를 거듭하며 줄곧 바다에서 살아오다 약 4억 년 전 육지로 진출했다고 한다. 이렇듯 오대양에 담겨 있는 바닷물은 생명을 잉태하기 위해 10억년의 시간을 기다려 왔다. 그 기다림은 물과의 조화로운 섞임을 요구하는 긴 물리적 시간이며 자연적 분배에 의한 분자들의 배열의 법칙이고 길고도 긴 기다림 속에 갇혀버린 침묵해야 하는 시간이었다.

아마 바닷물은 지상에 존재하는 모든 것 중에서 가장 오랜 기간을 그 속에 녹아있는 성분들과의 조화로운 섞임을 완성한 생명수임에 틀림이 없다. 이 조화로운 수중세상은 아직도 지구에 존재하는 생물종의 99%를 가지고 있어 생명체가 살아가기엔 육지보다 더 이상적인 공간이라고 말할 수 있다.

더 흥미로운 사실은 해양에 존재하는 대부분의 미네랄은 물분자에 의해 여러 겹으로 포장된 잘 배열된 물의 집합이며 이 물의 이상적인 배열이 해양생물들에게는 그들이 살아가기에 가장 적절한 조건이 되는 것이다. 이것은 마치 벌들에 의해 지어진 벌집이 서로를 의지하여 지어지듯 물과 미네랄 성분의 관계도 서로가 조화와 견제의 마법과 같은 힘으로 연결되어 있다. 이 이상적 배열을 완성하기 위해 바다는 길고 긴 기다림의 시간을 기다려 왔던 것이다.

이런 이유로 바닷물 속에 녹아있는 미네랄 이온들은 항상 균등하게 또는 일정한 양으로 존재하며 다른 요소들에 대하여 항상 같은 비율을 유지하고 있다. 이러한 일관성이 조화와 견제를 통한 "화학해양학의 법칙(chemical oceanographic law)"[1)]이다. 이 신비로운 생명수가 흐르는 곳이 바로 우리의 바다이다. 이처럼 자연은 연속적이며 비약이 없는 무한히 작은 변화로 서로를 보듬고 있다.

인간은 바다를 정복했다고 한다. 그러나 바다는 인간에게 정복된 적이 없다. 인간은 바다를 안다고 한다. 그러나 바다는 아직 속내를 보여주지 않은 미지의 공간으로 남아있다. 다윈이 갈라파고스 해안에서 얻어낸 답은 자연 속으로 순화되어 가는 종들의 진화였다. 헤밍웨이가 바다를 통해 보여 주었던 것도 패하지 않은 인간의 삶이었을 뿐이다.

오월의 마지막 날은 바다의 날이다. 바닷가에서 발견한 다윈의 실재적 진화에서도 멕시코 만류에 조각배를 띄웠던 늙은 산티아고의 삶에서도 바다는 모든 것을 담아 삭혀내는 항아리 같은 본성의 고향이었다.

부산일보 2004. 05. 28.

---

[1] 화학해양학의 법칙(chemical oceanographic law): 1873~76년 영국의 탐험선 챌린저호에 의해 측정된 것으로는 세계의 해수에 대한 해염의 조성은 항상 일정하다는 법칙.

변화와 교육

인류의 역사에서 한 시대를 지배하던 문명은 변화의 조짐을 보일 때마다 새로운 문명과 크고 작은 충돌을 빚어 왔다. 예를 들면 중세의 과학문명이 새로운 방법으로 원자론을 등장시켜 그 당시 지배적 위치에 있던 연금술을 사라지게 했던 사건도 그 전의 과학세계에 대한 도전적 사건이었으며 18세기에 시작된 산업혁명이 수공업구조의 산업체계에서 공업화를 유도해 내던 과정도 그러하다. 20세기 후반에 등장한 컴퓨터를 이용한 통신수단의 발달이 끝이 보이지 않는 큰 변화를 유도해가는 과정도 마찬가지다.

이러한 사회적 변화를 유도한 주역들은 실용적 지식을 운영하던 지성인과 그 인력을 키워낸 사회적 구조였다고 할 수 있다. 즉 18세기 산업혁명에 의해 산업이 분업화되고 대량생산 위한 인력의 공급이 필요해 질 때쯤 이에 필요한 인재육성을 위한 직업학교가 등장하여 필요한 인력을 교육할 수 있었다. 이처럼 인류의 역사에서는 크고 작은 변화가 있을 때마다 교유기관은 적절하게 변화된 모습으로 인력을 교육해 왔다. 우리의 경우에도 1980년대 공업화의 길로 들어설 때쯤 대학은 급팽창하여 산업현장이 필요로 하던 인력을 원활하게 공급할 수 있었다.

그러나 현재 우리의 산업형태는 매우 빠르게 변화되고 있다. 이제 우리의 산업은 대량생산과 대형 플랜트가 지배하던 체제에서 높은 지적 수준이 요구되는 지식기반형 산업으로 점차 변해가고 있다. 따라서 지금까지 산업 현장에 인력을 공급하던 대학도 이러한 변화에 능동적으로 대처해야 할 필요성이 있다고 볼 수 있다. 이러한 내용을 잘 간파한 정부는 그동안 여러 가지 방법으로 대학의 역할을 미래형 인적수요에 맞게 조정해보려고 시도했었지만 매번 소극적 변화의 틀을 벗어나지 못했다.

현재 정부에서 추진하고 있는 "지방대학 혁신역량 강화사업"도 정부가 대학에 요구하는 경쟁력 강화의 한 방안으로 대학들이 사회적 변화에 자율적으로 대응하여 그에 맞게 학생 정원을 조정하고 차세대 교육과 연구를 위한 교수를 확보하라는 요구로 국가는 이런 변화에 잘 순응하고 있는 교육기관들의 계획을 평가하여 지원할 것이라고 밝히고 있다. 여기에는 지방자치단체에서는 차세대 동력사업의 정착을 위한 인력개발 프로그램도 이 계획에 포함시켜 교육부와 지방자치단체가 합세하여 이 사업을 주도하는 모양으로 윤곽이 잡혀가고 있다. 그러나 이 계획의 궁극적인 목표는 지금까지 구조조정의 무풍지대로 남아있던 대학을 현실에 맞게 고쳐 차세대 국가운영을 위한 인력수급을 원활하게 수행하려는데 있는 듯하다. 지금까지 대학이 스스로 변해주기를 바라며 기다리던 정부는 이제 그 결과를 기다리고만 있지 않을 기세다. 정부가 추진하고 있는 이 계획의 배후에는 지금까지 행하지 못했던 인력수급조절을 정부에서 주도할 것이라는 숨은 의도가 보인다.

우리 앞에 펼쳐질 21세기의 지식기반사회를 위한 교육은 창의력을 가진 정예화된 인재를 키우는 교육이 되어야 한다. 이렇게 교육된 인재는 독창적 방법으로 새로운 지식을 창출하고 그 부가가치를 높일 수 있는 분야에서 사회에 기여할 수 있을 것이다. 또 이들은 새로운 정보를 서로 공유할 수 있는 능력이 있어야 하고 변화에 잘 적응할 수 있는 품성을 지닌 인재로 키워져야 한다.

앞으로의 대학교육은 획일적이며 조직화된 사회적 구성을

위한 교육이 아닌, 자유분방한 사회분위기에서 살아갈 창의성이 뛰어난 인재를 발굴하고 키우는 교육이 되어야 할 것이다. 지금 수행되는 대학의 변화를 위한 정부의 시책도 이러한 자율성이 깊게 고려되어야 한다.

역사적으로 산업혁명을 받아들였던 국가는 흥했고 그렇지 못한 국가는 망한 것처럼 지금 이 시대도 개인의 자율성과 창의성이 보장된 국가는 지속적으로 발전되어가고 있으며 그렇지 못한 국가는 지구상에서 그 정체성을 이미 잃어버렸거나 잃어가고 있다는 교훈을 잊어서는 안 될 것이다.

부산일보 2004. 05. 07.

엔트로피와 환경

열을 대상으로 하는 자연의 법칙 중에는 에너지의 절대량에 관련된 에너지 보존의 법칙[1)]과 에너지의 이동에 대한 엔트로피(entropy)법칙[2)]이 있다. 전자의 경우 사물이 가지는 자연적 변화는 가역성 혹은 대칭성이라는 일반적 현상으로 존재하지만 후자의 경우 에너지는 무질서도가 증가하는 방향으로만 흐른다는 일방통행식의 아리송한 법칙이다. 그러나 에너지의 비대칭성을 기본으로 한 이 엔트로피의 법칙은 이미 태곳적부터 있어왔던 현상으로, 열과 빛을 발산하며 타버린 석유가 발산해버린 양만큼의 에너지를 공급 받는다 해도 석유로 되돌아 올 수 없다는 평범하고 일반적인 진리이다. 여기서 석유는 정돈되고 질서를 가진 에너지이며 석유를 태워 발생된 물과 이산화탄소는 높은 무질서도를 가진 "석유의 타고 남은 재"에 해당된다. 이러한 자연을 지배하는 시간의 방향은 언제나 미래를 향하고 있고 이것은 엔트로피의 증가와 같은 방향이다. 이것은 또 과학자들이 아무 의심 없이 시간의 역방향을 표현하는 물리적 기호와는 다르다. 이것은 마치 다 큰 어른이 어린이로 되돌아 갈 수 없는 것과 마찬가지로 삶은 탄생에서 죽음까지의 모든 과정이 엔트로피의 증가로 이어진 자발적 과정의 한 자락이라고 볼 수도 있다. 그러나 에너지 순환과정의 마지막은 초기상태로 돌아가야 한다. 탄생이 아무것도 없는 무에서 시작하여 증가하는 에너지 형태라면 아이러니하게도 무질서도가 무한히 증가하게 되면 다시 처음의 상태라 할 수 있는 0에 수렴해버린다는 수학적 결과는 이 열역학법칙이 죽음까지도 또 다른 시작이라고 하는 종교적 표현과 일맥상통한다고 볼 수도 있다.

인류의 역사는 어느 세대이건 에너지를 사용해왔다. 그리스 신화에서 프로메테우스(Prometheus)[3]가 그의 동생 에피메테우스(Epimetheus)[4]에게 시켜 제우스(Zeus)[5]의 대장간에서 훔쳐 인간에게 주었다는 불은 인간을 에너지를 다룰 수 있는 집단으로 발전시켰다. 이 불이 바로 문명의 기원인 것이다. 그러나 지금까지 어느 한 문명사회가 사용했던 에너지의 절대량은 지구상에서 평형에 의해 다시 원래의 상태로 복원되었으며 그것으로부터 발생된 혼돈의 에너지를 적절한 자연적 장치를 이용하여 스스로 환원시켜 왔다. 그리하여 지난해의 봄은 올해의 봄과 같은 색깔로 우리 앞에 다가올 수 있는 것이다.

그러나 이 평형은 언제 교란이 올지 모른다. 현재의 지구환경을 가장 크게 위협하고 있는 것은 연간 20조 달러어치를 웃도는 화석연료의 사용이다. 여기서 쏟아져 나오는 화석연료의 타버린 재는 실로 심각한 엔트로피의 증가를 가져와 자발적 평형의 한계를 넘어서고 있다.

이제 우리의 과학과 기술은 보존과 개발을 두고 심각하게 고민해야할 때다. 전자의 경우 자발적 정화과정의 열역학적 평형을 유지해 보고자 하는 마지막 수단이 될 수도 있다. 그러나 개발은 우선적인 경제효과를 기대할 수는 있지만 궁극적으로는 파생된 문제를 수습하기 위해서 더 많은 비용의 손실도 감안되어야 할 것이다. 따라서 우리의 미래가 문명사회로 남아있기를 원한다면 효율적인 에너지 기술의 개발과 자연에 대한 깊은 배려가 성숙된 사회적 인프라로 발전되어야만 한다.

자연스러움이란 평형을 향해 가는 흐름이다. 평형을 이루기 위해서 계(system)는 인위적 흐름으로부터 보호되어야만 한다. 이것은 마치 파우스트에서 자신을 만든 연금술사에게 행하는 난쟁이의 외침과 같다. "병 속에 넣어지거나 통조림으로 만들어져야 한다. 이리로 와서 당신의 젖가슴으로 부드럽게 누르시오. 하지만 유리가 깨어질 수 있으니 너무 세게 누르지 마시오. 이것이 사물이 존재하는 방법이오. 자연스러운 것은 언제나 충족된 상태는 아니오. 그러나 인위적인 것은 닫힌 공간 속에 있어야 하오."

부산일보 2004. 04. 16.

---

1) 에너지 보존의 법칙: 에너지는 발생하거나 소멸하는 일 없이 형태는 바뀌어도 총량은 일정하다는 법칙(열역학 제1법칙).

2) 엔트로피(entropy): 1865년 R.E.클라우지우스가 도입한 물리량으로 자연계에서 에너지는 언제나 물질계의 엔트로피가 증가하는 방향으로 일어나는 것으로 우주의 에너지양은 일정하지만 전체 엔트로피는 증가한다는 법칙.

3) 프로메테우스 (Prometheus): 고대 그리스 신화에서 올림포스의 신들보다 한 세대 앞서는 티탄족에 속하는 신. '먼저 생각하는 사람, 선지자(先知者)'이라는 뜻을 가지며 티탄 족인 이아페토스의 아들이며, 아틀라스, 에피메테우스, 메노이티오스, 헤스페로스 등의 형제이다.

4) 에피메테우스(Epimētheus): 그리스신화에 나오는 프로메테우스의 동생이며 판도라의 남편. 티탄족의 이아페토스와 바다의 님프 클리메네 사이에서 태어났으며, 아틀라스와 프로메테우스·메노이티오스의 형제이다. 형인 프로메테우스의 이름이 '먼저 생각하는 자'라는 뜻인데 반해 에피메테우스는 '나중에 생각하는 자'라는 뜻이다.

5) 제우스(Zeus):그리스 신들 중의 최고 지배자. 제우스는 하늘을 결부시킨 이름으로, 원래는 낮의 밝은 하늘을 의미하지만, 비, 우박, 눈, 번개 등을 맡아보는 신이다.

물: 타고 남은 재

엉뚱한 질문이 될지 모르지만 "물은 왜 불에 타지 않을까? 또 이런 질문에 답이 궁해지는 연유는 왜일까?" 물의 날(3월 22일)에 던져 보았던 질문이었다. 물은 우리에게 너무나 가까이 있어 친숙한질이지만 물 없이는 생명현상도 존재할 수 없어 인간의 역사를 물과의 서사시적 관계로 말하기도 한다. 그렇지만 지금 물은 우리에게 이런 필연적 생명수라는 이미지보다 공해와 환경이라는 주제로 더 회자되고 있어 채 20년이 가기 전에 "물 쓰듯 한다."라는 말은 옛말이 되지 않을까 하는 의구심마저 들 때도 있다.

사물에 대한 과학적 접근이 시작되기 전부터 인간은 물에 여러 가지 의미를 부여해 가며 그 특이성을 논의해 왔다. 즉 2천500년 전 그리스 철학자 탈레스(Thalēs, BC624~BC545)[1]는 물은 우주의 본질이었고 만물은 이것으로부터 태어나고 마침내는 이것으로 돌아간다고 믿었으며 그보다 1세기 후에 살았던 엠페도클레스(Empedoklēs, BC490?~BC430?)[2)]에게도 물은 자연에서 일어나는 모든 것을 설명할 수 있는 만물을 구성하는 한 원소였다. 18세기 후반 캐번디시(Henry Cavendish,1731~1810)[3)]에 의해서 물이 원소가 아니고 화합물이라는 사실이 밝혀지기 전까지만 해도 물은 지금 우리가 알고 있는 그런 수소와 산소라는 두 가지의 원소들로 구성된 화합물은 적어도 아니었다. 그 당시까지만 하더라도 많은 사람들은 물은 우주의 구성원소로만 생각했었던 2천 년 전의 생각에서 벗어나지 못했던 것이다.

물에 대한 많은 것이 알려진 지금 과학적 논리를 적용해가며 물을 설명해 보려는 것은 무모할 수도 있다. 그러나 여러 가지 과학적 의미가 부여되기 전에 물은 그저 타고 남은 재와 같은 물질임을 알아야한다. 물은 두 개의 수소원자와 하나의 산소원자가 만나 서로 그들이 가졌던 모든 에너지를 태워 버리고 나면 물은 결여의 바닥에 와 있게 된다. 그러기에 물은 더 이상 태울 수 있는 에너지를 가지지 못한 타고 남은 재에 해당된다. 이 속이 비어버린 껍질만을 가진 가난한 존재는 낮은 에너지 상태에 머물게 된다.

자연계에서는 가장 낮은 위치를 칭하여 가장 안정된 에너지 상태라고 한다. 산위에서 돌이 아래쪽 바닥으로 굴러가듯

물은 빈 껍질만 가졌기에 가장 낮은 에너지 상태로 이동되고 이곳에서 다시 잃어버린 과거를 회복하려는 유별난 행동을 하게 된다. 따라서 우리가 일상생활에서 만나는 물은 일반적인 액체상태로 존재하는 다른 물질과 비교해 여러 가지 예측불허의 성질을 가지고 있다. 물이 얼어 물에 뜨는 현상도 물에만 있는 유별난 성질이다. 만약 다른 물질처럼 고체인 얼음이 물 아래로 가라앉는다면 아마도 이 지구는 생명이 존재하지 않는 얼음덩어리에 불과했을 것이다.

물론 물이 그런 독특한 특성을 나타내는 이유는 잘 밝혀져 있다. 이것은 모두가 20세기 초에 시작된 사물의 본성을 밝히려는 물리학자들에 의한 연구의 산물이었다. 전자구름에 둘러싸인 물분자는 독특하게 굽은 부메랑과 같은 모양을 하고 있고 큰 덩어리의 산소는 수소라는 작고 잘 맞지 않는 옷으로 몸매를 치장한 소녀처럼 채 감추지 못한 속살을 감추려고 다른 물분자를 가까이 끌어당겨 서로를 응집시키는 경향을 나타내게 된다. 이것이 물의 유별나고 신비한 행동의 근원이 된다.

이와 함께 물은 과학적 성질도 매우 유별나서 생물이 필요로 하는 미네랄 성분을 잘 녹여 이온화시켜줄 뿐 아니라 단백질과 같은 유기물이 녹아들게 하고 산소나 이산화탄소 같은 기체도 잘 녹여 주어 그 속에 사는 생물에게 생명을 유지하는 데 필요한 복잡하고 정교한 화학반응이 일어날 수 있는 환경을 제공해준다. 또 열을 보관하는 능력도 뛰어나며 이러한 성질은 체온을 일정하게 유지시켜 생명이 살 수 있는 인큐베이터의 역할을 제공하고 있다. 따라서 지상에 존재하는 모든 생물은 물이 이러한 유별난 행동을 하지 않는다면 생존할 수 없다. 우리가 태어나기 전 9개월 동안 이런 물속에서 살았으며 우리의 생명은 그저 물속에 담긴 하나의 흐름일 뿐이다.

지금까지 과학자들은 물분자 하나를 두고도 견해를 달리하는 여러 가지 학설들을 제공해 왔다. 그러나 물은 그저 타고남은 재일뿐이다. 타고 남은 재가 다시 기름이 된다는 시인의 번뇌도 아마 물과 같은 시인의 빈 마음이 아니었을까.

부산일보 2004. 03. 26.

---

[1] 탈레스(Thalēs, BC624~BC545): 기하학, 천문학에 정통한 고대 그리스의 유물론 학파인 밀레토스학파의 시조. B.C 585~584년에 일식을 예언하였다. 세계를 구성하는 자연적 물질의 근원을 밝힌 최초의 사람으로, 그것을 '물'(水)이라 하였다.

[2] 엠페도클레스(Empedoklēs, BC490?~BC430?): 세상만물이 동등한 근원물질인 4원소(물, 공기, 불, 흙)의 사랑과 다툼 속에서 생겨났다고 주장한 기원전 5세기경 활동한 그리스 철학자이자 정치가, 시인, 의학자.

[3] 캐번디시(Henry Cavendish,1731~1810): 영국의 물리학자 · 화학자. 물리학에서는 정전기(靜電氣)에 관한 기초적 실험, 지구의 비중측정의 개념 확립, 잠열 · 비열 · 열팽창 · 융해 등의 연구가 있고 화학에서는 수소의 발견, 물(水)의 결정, 기체(氣體)를 정밀한 연구 등이 있다.

꽃보다 아름다운 세상

봄이 가까이 오고 있다. 봄이 오는 소리를 오두막 문설주에 귀대고 엿듣던 시인의 정겨운 모습이 아니더라도 봄은 이미 도심의 한복판 아파트 화단에도 잿빛 껍질 속에 갇혀있던 매화나무 줄기에도 녹색의 생명으로 전해지고 있다. 세상은 이러한 작은 생명체의 태동에서부터 우주를 구성하는 별들에 이르기까지 잘 정돈된 하나의 질서에 의해서 지배된다.

우리가 살고 있는 세상의 질서를 단순화시켜보면 눈에 보이는 삼차원의 거시세계(macroscopic world)와 눈에 보이지 않는 사차원의 미시세계(microscopic world)로 나누어진다. 거시세계를 지배하는 만류인력의 법칙은 눈에 보이는 천상천하의 삼라만상을 포함하는 모든 것을 지배하고, 후자는 양자역학이라는 법칙이 지배하는 보이지 않는 작은 세상을 말한다.

양자역학은 지난 세기의 초반에 시작된 학문분야로 원자나 분자의 하나하나의 구성을 관찰하고 그것을 상상 속의 세계에서 실체를 가진 존재로 가시화시켜 보고자 했던 물리학자들의 노력의 산물이었다. 그러나 이 양자역학도 결국 기원전 5세기께 부터 시작된 원자의 실체에 대한 질문을 단순하고 완벽하게 설명해 주지 못하고 있다. 그것은 수학에만 의존해서 모든 문제를 풀이하려는 과학자의 모순성에 근거한다고 1977년 노벨화학상을 수상했던 프리고진(Ilga Prigogine, 1917~2003)교수는 지적하지만 원자에 대한 실체를 밝히는 것은 물리 수학 그리고 화학과 같은 과학적 방법을 사용하는 학문적 세계를 초월해 인문학적 사고를 포함하는 포괄적 학문의 세계로 발전될 수도 있을 것이다.

지금까지 밝혀진 이 미시세계의 구체적 모습은 원자의 경우 그 크기를 결정하는 전자구름과 모든 중력이 모인 핵으로 되어 있음을 보여줌으로써 가시화됐다. 가장 작은 개체인 수소의 경우 핵과 전자구름의 크기를 상대적으로 비교하면 탁구공 크기의 절반 정도 되는 핵이 축구장 두 개 크기의 전자가 존재하는 입체공간의 중앙에 있는 것과 같다고 하니 대부분의 공간은 비어 있는 공허한 것이 수소의 모형이고 다른 원자도 이와 비슷하다고 하니 얼핏 상상하기 어려울 것이다. 여기서 수소원자 실체의 크기를 보면 그 직경이 52.9 피코미터이고 이 단위는 나노미터(10억분의 1미터)의 천분의 일에 해당되는 길이이니 너무 적은 개체이어서 상상하기조차 어렵다.

이러한 원자의 구성에 대한 과학자의 생각은 아직도 미완성으로 남아있다. 하지만 원자가 모여 분자를 이루고 분자가 모여 세포를 만드는 일련의 생명과정은 인간이 원자의 실체를 어설프게 파악하고 있다손 치더라도 우리에게 눈부신 업적으로 다가오고 있다. 현재 생명과학에 대한 연구는 그 수준이 분자단위까지 접근되어 분자가 모인 집단의 움직이는 생명현상을 말하고 있고 아마도 가까운 시기에 분자 한 개의 생명 현상도 설명할 수 있을 것이다.

지금 우리 앞에 놓인 나노의 새로운 세상도 한 개의 분자를 움직여 그것이 나타내는 물리적 성질을 여러 분야의 과학 활동에 이용하자는 데 그 목적이 있다. 여기에는 지금까지 자연을 화학 물리 그리고 생물현상으로 나누어 설명하던 각각의 단편적인 현상들을 다시 통합하여 새로운 질서로 설명하기 위한 시도가 포함되어 있다.

이 시대는 많은 것이 과학이 제공하는 질서 속에서 움직인다. 세분화되었던 과학 분야가 서로 통합되지 못하면 발전될 수 없듯이 현대인도 과학을 이해하지 못하면 과학의 문맹이 돼 버리는 것이다. 이러한 현상들은 과학이 발전해가면 갈수

록 급속히 늘어나 과학적 접근이 가능한 집단과 그렇지 못한 집단의 두 문화 사이의 단절은 심화되어 갈 것이다. 이러한 일련의 상관관계를 연결하고 해결할 수 있는 힘은 이 두 문화의 단절을 절충하고 이해할 수 있는 과학정신의 보편화에 의해서 모색되어야 한다.

식물은 꽃을 피울 가장 적절한 때를 결정하는 개화조절 유전자에 의해 화려한 변신의 순간을 알고 있다고 한다. 세상에 봄이 오면 꽃은 피지만 이것을 이해하는 여러 가지 방법이 있고 여러 가지의 어우러짐이 진정한 아름다움을 이룰 수 있다. 우리 앞에 전개된 과학도 이제 단편적인 하나의 학문분야로만 존재할 수 없다. 벚꽃이나 목련이 아무리 아름답다고 하더라도 그것들만으로 이루어진 세상은 오랫동안 아름다울 수 없다. 이름 모를 들꽃과 들풀들이 이들과 서로 잘 조화를 이루며 단순한 가치를 보일 때 자연은 더 아름다울 수 있는 것처럼 과학도 마찬가지다.

부산일보 2004. 03. 05.

대학과 지식기반사회

우리의 빠른 경제성장의 배후에 교육이 잘된 인적자원이 있었다고 한다면 지나친 과장일까? 우리사회는 1970~80년대의 빠른 경제 성장기를 지나 90년대 들어서면서 머뭇거리다 외환위기라는 상황을 접하게 되었다. 이 사건은 우리에게는 참으로 고통스러운 일이었지만 이를 통해 세계가 점차 지식기반사회로 변화되고 있음을 감지하게 된 긍정적인 면도 있었다. 과거의 산업사회는 자본 그리고 노동력과 같은 물질적 요소가 중심이 되어 대량생산을 주도해왔다. 그러나 우리의 앞에 펼쳐진 지식기반사회의 오감도에는 지식과 정보능력을 바탕으로 한 고부가가치산업이 국가의 번영과 개인의 삶의 질을 향상시키는 원동력으로 작용하고 있음을 예견하고 있다.

이 지식기반사회로의 전환을 위해서는 많은 변화가 필요하지만 그 중에서도 인력수급을 위한 교육제도의 변화가 절실히 요구되고 있다. 지금까지 우리의 대학은 대량생산을 주도해 온 산업사회를 위한 교육제도에 의해 인력을 배출해 왔다. 1980년대에 대학에 요구되었던 양적팽창이 바로 그것이었다. 이것은 성장일로에 있는 중국이 10년 후 1억 명의 대학졸업자를 보유하겠다는 오늘의 계획과도 비슷했다. 그러나 현재 우리의 고등교육은 교육을 받은 국민의 숫자보다는 질에 초점이 맞추어져야 한다. 왜냐하면 우리 앞에 펼쳐진 지식기반사회는 지식과 정보능력을 겸비한 정예화된 인적구성을 요구하고 있기 때문이다. 이는 대학의 교육과 연구의 질이 획기적으로 변화되지 않고는 이룰 수 없다. 특히 이공계 학생의 75%를 교육하는 사립 이공계 대학의 쇄신을 외면하고 대학의 변화를 논할 수 없다.

사립 이공계대학의 교육과 연구의 질은 날로 낙후되어가고 있다. 이런 상황까지 내몰린 대학 현실의 배후에는 학생의 숫자를 늘려주는 것만으로 사립대학을 지원해 주던 정부정책의 문제도 있었다. 게다가 고등교육을 받을 이공계 학생의 절대 숫자가 줄고 있다. 이제 정부는 무슨 방법으로 사립대학을 지원할 것인가. 정부가 국민의 세금으로 국·공립대를 지원하는 이유는 교육의 공익성 때문이라고는 하지만 사회 기여도에 있어서 사립대와 국·공립대 졸업생은 전혀 다르지 않다. 경제적 지원이 잘된 외국의 사립 이공계 대학의 경우 교육과 연구의 질이 월등한 우월성을 보이고 있다. 그러나 우리의 교육 정책은 국·공립대와 사립대학 간의 격차를 줄이는 프로그램은 구상조차 하지 않고 있다. 우리나라 이공계대학의 75%를 차지하는 사립 이공계 대학을 모두 육성할 수는 없겠지만 사학에 대한 선택적 지원은 현 시점에서 절실하다고 본다.

일본의 이공계 대학은 75%가 국립이지만 정부는 70년대 초부터 국립대와 사립대 간 질적 격차를 줄이기 위해 사립대 지출액의 30%와 교수봉급의 반을 국가가 지급하고 있다고 하며 미국의 주정부는 20~30%의 운영비를 사립대에 지원하고 있고 유럽의 대학은 대부분 교육세로 운영되는 국립대학뿐이다.

이에 반해 우리나라의 사립대에 지원되고 있는 국고지원은 국립대 지원금의 4%정도라고 하니 재정 부실의 빈 공간은 등록금으로 충당해야 하고 매년 등록금 협상이라는 웃지 못 할 거래가 학생과 교수 사이에 이루어지는 진풍경이 오늘 우리 상아탑의 자화상이다.

현재 사립대학 운영비의 70~80%가 인건비로 지급되고 있는 상황에서 연구와 교육의 질을 논하는 것은 무리한 요구이다. 사학을 이대로 방치하면 부실은 누적될 수밖에 없고 이것은 지식기반사회의 발목을 잡는 원인이 될 수도 있다. 만약 연간 1조원이 사립대에 지원되면 이것은 전국 사립대 지출액의 28%에 해당된다고 한다. 이 금액은 부실금융기관과 기업에 투자한 공적자금 157조원의 0.6%에 해당된다. 지식기반사회의 진입을 앞두고 부실한 사립 공대를 그대로 방치하는 것이 외환위기 하에서 부실 금융기관을 그대로 두는 것과 무엇이 다르단 말인가. 사립대를 파격적으로 지원해 많은 대학이 우수 대학으로 육성된다면 이공계 기피현상도 고질적인 입시병도 쉽게 치유될 수 있을 것이다. 이 시대에 투자 없이 이룰 수 있는 꿈은 없다. 우리의 인적자원을 위한 프로그램이 사회적 문제로 부상되기 전에 정부는 인적자원의 고급화를 위한 고등교육의 질적 향상을 다각도로 고민해야 할 것이다.

부산일보 2004. 02. 13.

연금술과 나노의 꿈

흙을 구워서 금을 만든다는 연금술에 관한 이야기는 흥미있는 옛날이야기쯤으로 들릴지 모르지만 이것은 긴 세월동안 이어져온 황금을 얻고자 했던 인간의 소망어린 기술이었다. 연금술은 기원전 중국과 인도에서 시작되어 12세기경 유럽으로 전해져 18세기에 이르기까지 많은 지식인과 장인 그리고 마술사들을 매혹시켰던 신비스러운 기술로 한때 유럽의 여러 국가에서는 이 기술이 나라의 흥망성쇠를 좌우하던 기술로 인정되기도 했다.

연금술이 중세유럽의 산업에 끼친 영향은 가끔 이솝우화로 비유되기도 한다. 즉, 한 농부가 게으른 아들에게 밭에 금을 묻어 두었다는 유언을 남겼다. 아버지의 유언대로 아들은 밭을 열심히 파보았지만 금은 나오지 않았다. 그러나 실망한 아들에게 돌아간 몫은 그해 가을의 풍성한 수확이었다. 연금술이 가져다준 효과도 그와 비슷했다. 아예 흙이 현자의 돌을 만나 금이 된다는 것은 애당초 이루어 질 수 없는 꿈이었다. 그러나 이 허황한 꿈은 여러 금속을 추출하고 혼합하는 합금술로 발전되었고 중세에서 근대에 이르는 인류의 역사에서 한 국가의 부국강병을 이루는 기반기술이 되기도 했다. 즉 무기나 갑옷을 만들던 금속의 강도와 질은 전쟁에서 승패가 좌우되었고 그 바탕이 된 이 기술은 보다 강한 합금을 만들어내는 첨단산업으로 발전되어 국가에서 관리했던 것이다.

연금술사들이 금을 만들어 내려던 시행착오과정은 합금술의 발전 이외에도 다양한 화학의 기초 지식과 새로운 분야를 개척하였으며 여러 가지 물질들을 섞어 끓이고 분리하는 과정에서 자연스럽게 화학적 변화를 일으키는 다양한 방법들이 발견되었다. 따라서 연금술은 화학을 낳은 모태기술이라고도 할 수 있다. 이 연금술은 19세기 초에 발표되었던 돌턴의 원자론에 의해서 종말을 고하고 말았지만 이 사건은 과학이 가설만으로 성립될 수 없음도 함께 증명해 주었다. 원자론은 "원자가 더 이상 쪼개질 수 없는 작은 입자"라는 사실을 실험적으로 증명해낸 최초의 발견이었다. 이 발견은 아리스토텔레스의 원소 변형설도 거기에서 유래된 연금술도 모두 역사 속으로 사라지게 했던 것이다.

원자론이 세상에 나온 지 약 200년이 지난 지금 과학자들은 원자에 대한 관심보다는 '물질을 잘게 나누면 어떻게 될까'라는 질문에 더 큰 관심을 기울이고 있다. 이것은 21세기를 지배할 과학기술의 한 부분이 물질의 크기와 관련되어 있음을 암시하고 있다고 할 수 있다. 미래학자들은 21세기를 주도할 학문은 '물질과 화학'이라는 새로운 분야를 예고해 왔고 이 새로운 과학세계는 나노기술이라는 새로운 용어로 우리에게 다가온 셈이다.

미래의 물질세계를 혁명적으로 주도할 이 나노기술은 연금술이 가설만으로 그 본질에 접근했던 것과는 달리 과학적 근거를 가진 체계적 기술로 발전되고 있다. 그러나 연금술이 오직 황금을 만들려는 희망의 끈으로 천년을 이어왔다면 나노연구는 그 배경에 불확실성이라는 새로운 함정이 내포되어 있다. 이것은 인간이 미시세계(microscopic world)를 탐구하기 시작하면서부터 생겨난 근본적인 문제이고 그 숙제는 아직 다 풀리지 않은 채 양자의 작은 세계 속에 머물고 있다.

나노기술은 종전에는 상상할 수 없었던 분자와 원자를 움직여 새로운 물질세계를 여는 꿈의 기술로 발전되고 있다. 이 혁명적 변화를 이끌어 갈 나노기술은 여러 학문분야가 모인 종합과학이며 과학과 기술의 상호보완적 협력을 절실히 필요로 하고 있다. 따라서 나노기술은 여러 학문분야가 모여 한 가지 주제를 위한 공동연구에 의존될 수밖에 없다.

미래의 꿈이 담긴 이 나노기술에 관한 연구는 소리 없이 진행되는 산업전쟁으로 우리에게 다가오고 있는 듯하다. 미국 일본 유럽연합 등은 정부가 주도하고 기업과 학계가 연출하는 범국가적 연구를 이미 진행하고 있다. 이들의 나노기술에 대한 투자는 군비경쟁시대의 그것과 매우 흡사하다.

이 시대는 나노기술을 통해 진행되는 과학기술의 끝없는 경쟁시대로 접어들었다. 여기서는 절대 강자만이 살아남을 수 있다. 우리의 나노기술 개발은 이제 국가경쟁력을 좌우하는 피할 수 없는 조건임을 주목해야 할 것이다.

부산일보 2004. 01. 16.

과학이 지배하는 세상

수학능력고사 그 길고도 초조했던 시간들을 잘 견뎌낸 자랑스러운 아들에게 이 글을 쓴다. 수능시험일이 막바지에 다다랐을 때 어느 광고는 '이 밤이 지나면 꿈이 보일까'라고 표현해 자정이 넘어서야 돌아오던 너와 지친 너를 기다리던 부모들의 안쓰러운 마음을 대변해 주기도 했다. 시험이 끝나고 선택을 놓고 고민하는 너와 함께 이제부터 네가 해야 할 것이 무엇인지 생각해 보자.

인간은 교육이라는 문명의 전수과정을 통해서만 이전의 문명세계를 이해해 왔고 교육을 통해서 다시 사회 속의 한 구성원으로 성장되어 가고 있단다. 따라서 교육은 인간형성의 핵심적 요소이며 다양한 문화를 가진 여러 민족과 각 세대를 이어주는 연결고리가 되고 있다.

그동안 네가 거쳐 온 중등교육과정은 우리 청소년들에게

새로운 것에 대한 관찰력을 키워주고 합리적 사고를 위한 방법을 가르쳐 건강한 사회의 구성원으로 살아갈 소양을 교육해야 하는 중요한 시간들이었지만 유감스럽게도 그 과정에서 우리의 청소년은 대학입학을 위한 기계적 방법을 배우는 것 말고는 별로 한 일이 없는 것 같구나.

합리적이고 객관적인 사고력을 키우는 것은 교육을 통해서만 이루어질 수 있는 후천적 습관에 기초를 두고 있다. 그렇게 하기 위해서는 많이 읽고 많이 쓰고 많이 생각하게 해야 할 중요한 훈련의 시간들이 있어야 했고 그 과정 없이는 과거 문명에 대한 기본적 이해는 불가능하단다.

우리의 중등교육이 학생들에게 이러한 합리적이고 객관적인 사고력을 키워주는 것이 목표였다면 그 교육목표는 적어도 네가 지내온 과정에서는 달성되지 못했다. 왜냐하면 입시를 위한 이 과정은 너에게 오로지 경쟁을 통한 서열화만이 요구되었기 때문이다.

우리의 대학입시제도도 다양성을 살려야 한다는 면에서는 실패작이다. "모차르트가 서울대에 입학할 수 있나요?" 노벨상을 수상한 어느 교수가 서울대를 진단하고 한 마지막 말이다. 우리의 입시제도는 다양성의 원리에 의해 선택되어지지 못하고 석차라는 숫자에 의해서만 선택되고 있어 이 사회가 요구하는 다양성의 근본적 배경을 외면해 왔다.

대학에서의 교육은 기본적인 인격을 갖춘 소양인을 전문인으로 양성해 사회의 한 건강한 부품으로 만드는 의무를 가지고 있다. 따라서 대학은 전문인의 육성을 최고의 목표로 삼고 있으며 4년 동안에 그 목표의 기본적 골격은 완성되어야만 한다. 그러나 전문성도 어느 때에 갑자기 이루어지는 것이 아니고 오랜 습관에 의해 형성되어지는 후천적인 것이다.

따라서 많이 읽고 많이 쓰고 많이 생각하는 습관은 부족했던 인지발달과정에서의 한 축을 새롭게 단장시켜 줄 것이다. 그 위에 전공교육이 이루어진다면 이 세대가 요구하는 다양한 문화적 체험을 가진 전문가로 너를 성장시켜 줄 것이다.

우리 사회의 전문성 부족은 사회전반에서 총체적인 문제로 등장했고 이 부족한 문화적 경험을 가진 비전문가들에 의해 적당주의가 발생했으며 이 적당주의는 학교동문, 지방색과 같은 패거리들의 집단을 만들어 그 부족함을 채우려는 한국병으로 커 가고 있다.

대학에서의 교육은 객관적이고 과학적인 사고를 중심에 두고 있다. 따라서 인문학을 공부하든 자연과학을 공부하든 기본교육과정을 충실히 거쳐야 역사 철학 그리고 예술을 이해하게 되고 과학이 이룩한 성과를 이해할 수 있게 될 것이다.

그래야만 인류가 지금까지 쌓아 온 문명을 고루 흡수할 수 있는 기반을 확보할 수 있는 것이다.

지금 이 사회는 과학이 모든 것을 지배하고 있다. 이것은 과학자가 이 사회의 지배자가 되어 있다는 것은 결코 아니다. 그것은 이 사회를 이끄는 중심사상이 합리적이고 객관적인 사고를 근본으로 하는 과학정신임을 말하고 있는 것이다. 이러한 과학정신은 책임성과 전문성에서 유래되었음을 알아야 할 것이다. 이제 너의 선택에 대한 책임은 인지발달단계에서 가장 높은 단계에 와 있다. 네가 선택한 학문분야가 너의 전문성과 책임성 배양에 가장 적합한 주제가 되어 주길 바란다.

끝으로 대학시절에 쌓을 수 있는 가장 높은 덕은 책임 있는 전문지식인이 되는 것임을 명심하기 바란다. 학창시절 접할 수 있는 그 이외의 모든 것은 유행처럼 스쳐가는 허상일 뿐이다. 너의 건투를 빈다.

부산일보 2003. 12. 26.

노자사상과 과학

중국 과학화의 산실인 중국과학원의 한 노교수는 몇 년 전부터 대학원 학생들에게 노자를 암송하게 하고 있다고 한다. 이것은 노자사상의 자연철학적 성격을 현대적으로 적용해보려는 노교수의 제안이라고 하니 학문을 하고 과학적 사고를 통해 중국인의 도(道)와 덕(德)을 자연의 이치로 해석했던 노자의 학문적 세계가 과연 무엇인지를 다시 한 번 생각하게 한다. 노자의 도덕경(道德經)이 지금도 우리에게 거부감 없이 다가오는 것은 그 속에 담긴 자연주의적 철학이 논리의 필연성만을 추종하는 과학화된 문명세계의 모순을 되돌아보게 하고 현대과학의 근본을 이해하는데 보탬이 되기 때문일 것이다.

노자사상은 벌써 2천500년 전에 완성된 학문세계다. 그 사상이 오늘 중국인에게 과학세계를 설명해 줄 한 가지 대안으로 등장했다면 과학화를 추구하고 있는 중국인에게는 노자사상은 아마도 그들의 삶과 제도 사이의 괴리를 풀어줄 귀중한 유산이 될 수도 있다.

중국이 빠른 속도로 성장하고 있다. 중국의 변화속도는 놀라울 정도이지만 결코 요란하지 않고 조용하게 진행되고 있다. "발돋움을 하고는 오래 서있지 못하고 발걸음을 크게 떼어놓는 사람은 멀리 가지 못한다."는 노자의 가르침은 실사구시를 추구해야 하는 중국 최고위층의 조심스럽고 차분한 행동을 대변해 주는 듯하고 이공계 일색으로 구성된 중국 지도부가 가진 다스림의 정서에는 익겸(益謙:겸손이 이익이 됨)의 행동방식이 숨어 있는 듯하다.

중국이 과학입국의 길을 가고 있다. 우리와 가까운 거리에 있는 그들은 그러한데 지금 우리 과학입국의 토대는 동력을 잃고 통째로 흔들거린다. 이제는 이공계 진학을 기피하는 현상까지 나타나 우리의 미래를 걱정하는 목소리가 점점 커져만 간다. 정부는 이공계 기피현상을 막기 위해 고위직 공무원의 일부를 이공계 출신으로 채우고 이공계를 살리기 위한 국가차원의 입법 행정 산업 학계를 망라한 협의체를 구성하고 이 협의체는 대학입시제도의 개선과 병역 특례 확대 등 여러 가지 유인책의 도입을 관련부서에 건의하였다고 한다. 그러나 이러한 유인책의 도입만으로는 이공계 기피현상이라는 흐름을 막을 수 없다. 작금의 이 상황은 이공계 전문공직자가 부족하여 일어난 현상도 입시제도의 잘못도 아니다.

그 가장 큰 원인은 우리 산업현장의 위축과 과학자에 대한 부족한 믿음이 불러온 당연한 현상이다. 이것은 물론 선진산업구조로 전환되는 과도기적 현상이라고 할 수도 있다. 그러나 젊은 이공학도가 일할 현장이 사라져가는 것을 그대로 방치하고 이 문제의 해답을 찾을 수는 없다.

산업 현장의 붕괴는 우리의 일터와 상품이 동시에 사라진다는 것을 의미한다. 그렇다고 차원 높은 고부가가치 산업이 지금 쏟아지는 이공계 인력을 모두 수용할 수 있는 산업구조를 갖춘 것도 아니다. 우리의 붕괴되어가는 산업구조를 그대로 방치해 두고 이공계를 살려보겠다는 것은 거의 망상에 가깝다. 먼저 젊은 이공학도가 일할 수 있는 일자리의 창출이 우선되어야 하고 차세대 산업을 위한 연구기반 조성에 투자하여 선진산업구조를 빠르게 갖추어 나아가야 한다. 이 두 가지 조건이 우선적으로 충족되지 않고는 문제의 해결은 어려워 보인다.

우리의 노동조합도 후배 노동자의 일터는 아랑곳없이 현실적 이익만 지나치게 추구하고 있다. 이윤이 없는 곳에 기업도 존재할 수 없다는 반어적 현실이 공존함을 노동자도 명심해야 할 것이다. 산업현장이 있어야 이공계가 존재하고 현장 근로자도 존재하고 국가도 있다. 이공계가 사라지면 과학기술 기반국가는 망하게 된다.

중국은 5년 후 한국의 기술력을 따라잡고 10년 후 일본을 그리고 50년 후에는 미국의 기술력을 넘어설 수 있다는 당찬 계획이 수립되어 있다고 한다. 그에 대응되는 우리의 계획은 과연 무엇인가. 중원이 잘살 때 주변국은 항상 어려웠음을 우리는 기나긴 역사를 통해서 잘 알고 있다. 그 중국이 지금 고도성장의 길을 가고 있다.

"끊임없이 가는 것은 멀리 극에 다다르고 멀리 극에 다다르면 제자리로 돌아온다."는 노자의 가르침은 우리에게 뒤돌아보지 않고 달려왔던 과(跨:큰 보폭)의 정서를 꾸짖는 듯하다.

부산일보 2003. 12. 05.

니나노 과학

"니나노"하면 북 치고 장구 치는 우리의 전통 놀이판이 연상되겠지만 이것은 보편화되고 많은 사람들에 의해서 연구되는 나노(nano)의 세계에 관한 세상의 높은 관심을 빗대어 하는 말이다. 요즈음 너(니) 나 할 것 없이 모두가 관심을 가지고 있는 대상이 나노의 세계라는 뜻이다. 이것은 또 나노의 세계가 가까운 미래에 우리의 삶을 이끌 수 있는 기술의 집합체로 성장할 수 있어 더더욱 그러하다.

우리의 삶이 가까운 미래에 접할 수 있는 과학세계는 이러하다. 종이처럼 얇아서 말 수 있는 두루마리 텔레비전 화면, 벽지처럼 천장에 발라 빛을 내는 실내조명장치, 시장바구니째로 계산되는 슈퍼마켓의 계산대, 핸드폰보다 작은 슈퍼컴퓨터, 스스로 생각하고 행동하는 지능형 로봇 등 공상소설 속에서나 나올 법한 이야기가 우리에게 현실로 다가오고 있다.

이들의 배경에는 일반적으로 분자의 크기보다 약간 더 큰 나노의 크기를 가진 기능성 물질들이 존재한다. 이들의 구성은 나노미터(nm)의 단위로 측정되고 이것은 10억분의 1m라는 길이의 단위에 해당된다. 이 단위의 크기는 사람의 머리카락 굵기의 10만분의 1 정도에 해당된다고 하니 어느 정도의 작은 단위인지 상상을 초월한다. 그래도 이 단위는 분자의 크기를 나타내는 피코미터(pm)보다 천 배 더 큰 미시세계(microscopic world)의 측량단위에 속한다.

분자라는 미시세계는 실체를 눈으로는 볼 수는 없다. 이 분자의 세계는 원자라는 입자에 의해서 구성되고 원자와 원자를 이어주는 원동력은 전자들이며 이들은 그들만이 가진 질서와 규칙에 따라 행동한다. 나노의 세계가 인간세상이 요구하는 고급 기능성을 가질 수 있는 것도 분자라는 운동장에 놀고 있는 전자의 위치와 운동량 때문에 일어나는 현상이다.

나노의 세계는 형상(image)이라는 간접적 방법으로 시각을 통해 볼 수 있는 최소의 물질단위이며 이 미시세계에도 분자만이 가지는 질서가 존재한다. 이것을 양자의 세계라 한다. 이 양자세상의 백성은 전자들이고 그 전자는 일반적 운동역학인 만유인력이 지배하는 지상의 법칙을 따르지 않는다. 이 전자라는 백성들은 너무 작고 곧잘 숨어버리는 수줍은 처녀 같아

인간의 눈으로는 볼 수가 없어 과학자를 애태우는 존재이기도 하다. 그러나 이들만이 가지는 질서와 조화는 참으로 신기하여 아직 첨단과학을 자랑하는 인간세상의 질서를 표현하는 수학적 방법으로는 완벽한 설명이 불가능하다.

뉴턴이 사과가 떨어지는 것을 보고 발견했다고 하는 만유인력의 법칙은 지상과 천상의 모든 물체에 적용되고 있는 우주의 보편적 법칙에 해당된다. 여기에서 시간과 공간은 우주 전체를 통해 깔려있는 수많은 별들의 공통적 배경이 된다. 우주의 모든 것은 어떤 상황에서나 시간과 공간이라는 배경 속에 있고 만유인력은 이 거시세계를 지배한다.

그러나 양자의 소우주는 시간과 공간의 개념이 만유인력이 지배하는 거시세계와는 판연히 달라 그 아름다운 모습이 보일 듯 말 듯 한 세상이 된다. 그러기에 나노의 문전을 서성거리는 과학자는 이 수줍은 처녀와 애타는 사랑에 빠진 사람들 같다.

400년 전 스위프트에 의해서 쓰인 '걸리버 여행기'는 오늘을 살아가는 과학자의 심중을 소인(lilliput)들을 통해 표현해 주었다. 당시는 분자나 원자에 대한 개념은 확립되지 않았지만 걸리버의 눈을 통해 들여다보는 소인국의 세상은 현대판 나노의 세상을 들여다보고 있는 과학자의 눈과 일맥상통하는

데가 있다.

과학자는 많은 부분을 상상을 통해 사물을 본다. 나노과학은 이처럼 미세한 분자의 세계를 모아 새로운 세계를 여는 학문분야에 속한다. 이것은 당연히 물리와 화학 그리고 생물학적 접근이 가능하고 이 학문의 세계가 서로 융합되어 눈에 보이지 않는 과학세계의 미래를 만들어가고 있다.

반야심경에는 색즉시공 공즉시색(色卽是空 空卽是色)이라 했다. 눈에 보이는 것은 실체가 없고 눈에 보이지 않는 것은 실체가 있다는 석가모니가 한 이 아리송한 말은 현대과학의 실체가 되고 있는 나노의 세상을 접하고 있는 우리에게 현자의 생각을 전하고 있는 것 같다.

부산일보 2003. 11. 14.

뫼비우스의 띠

뫼비우스의 띠는 긴 네모난 종이의 양 끝을 꼬아 180도 회전하여 연결한 고리모양의 띠를 말한다. 이렇게 만들어진 띠는 안팎의 구분이 없다. 이 띠의 어느 한곳에서 선을 그어 따라가면 안과 밖에 모두 선이 그어지고 또 그 선을 따라 자르면 한 개의 커다란 고리가 된다. 지극히 단순하게만 보이는 이 띠의 위를 따라 가면 점점 기울어져 180도 회전하여 출발점의 바로 뒷면에 오게 되고 다시 더 따라 가면 360도 회전하여 출발점 위에 오게 된다.

이 재미있는 자연현상은 처음엔 수학자 뫼비우스(A F Möbius·1790~1868)[1)]에 의해서 제안되었던 위상수학에 관한 논문(1858년, 파리)이었지만 지금은 기계를 돌리는 원리로도 쓰이고 분자의 세계를 들여다보는 방편으로도 쓰이며 현실과 이상이 끝없이 꼬여서 돌아가는 세상살이를 그린 시나 소설의 반어(irony)적이고 애매한 주제가 되기도 한다.

이 아름다운 수학이 문학으로 표현되면 우리의 고단하고 꼬인 삶이 보이고 예술이 되면 뒤틀림의 조화가 눈앞에 온다. 1970년대의 도시 철거민을 대상으로 한 "난장이가 쏘아올린 작은 공"에 표현된 이 주제에는 꼬인 현실을 살아가는 소외계층의 애환이 그려져 있고 공상과학소설 "뫼비우스라는 이름의 지하철"도 이 띠의 뒷면을 들여다보려는 가설로 꾸며져 있다. 뫼비우스의 띠의 미적 잠재력에 매료되었던 조각가 빌(Max Bill, 1908~1994)[2)]은 이 뒤틀린 곡선의 아름다움을 조각(끝없는 리본, 1935)으로 표현하였으며 그와 같은 시대에 살았던 에셔(Maurits Cornelis Escher, 1898~1972)[3)]도 이것을 자신의 예술적 토양으로 이용하였다.

그렇다면 우리가 살고 있는 지금 이 순간들을 이 띠 위에 실어보면 어떻게 될까? 혼돈이 잠재한 기관실-꼭 그렇게 돌아야 하는 이 위상수학의 해답처럼 두 축이 서로 거꾸로 돌아가는 역주행의 갈등 속에 우리가 있다.

우리를 진단한 한 외국학자는 우리의 문제 중에서 가장 큰 것이 갈등이라고 했다. 따지고 보면 정확한 지적이다. 우리에게는 지난 50년대 혹독한 대가를 치른 좌우의 이념적 갈등이 있었고 70년대에는 경제개발에 따른 빈부의 갈등이 풍요에 대한 기대만큼이나 컸다. 80년대의 민주항쟁은 아직까지도 치유되지 않은 깊은 상처를 남겼으며 지금 이 순간도 우리는 세대, 계층, 이념, 이익집단, 지역 등 온갖 갈등의 끝없는 수렁에 빠져 허덕이고 있다. 어느 것 하나 쉽게 해결될 수 있는 것이 없다.

IMF(국제통화기금) 외환위기 이후 우리 사회는 많은 것이 변해버렸다. 그 중에서도 특히 이 사회의 사표(師表)가 되어왔던 세대가 빠르게 사라져 버렸다. 구조조정으로 점점 낮아지는 정년퇴임의 연령이 이러한 세태를 말하고 있다. 이들의 퇴장은 연륜이 가르쳐주는 지혜도 함께 가져가 버렸다. 지난해 인터넷에 떠돌던 "아버지는 누구인가"의 주제도 우리 시대를 대변하던 초라한 아버지가 먹칠한 거울 속의 가을과 겨울을 오가는 모습으로 그려져 있다. 이제 어느 일터이건 삶의 지혜를 넌지시 건네주던 이런 노병은 없다. 이 시대는 그저 칼처럼 차고 말처럼 뛸 수 있는 힘 있는 자만이 지배자로 남아 있다. 그들은 아직 조화와 믿음이라는 삶의 멍에를 모른다. 우리는 우리 속에 우리가 있음을 잊지 말아야 한다. 올해 유난히도 많았던 노사분규도 지금의 사회적 불협화음도 따지고 보면 서로에 대한 부족한 믿음에 원인이 있다. 이 부족한 믿음이 우리에게 발생된 사회적 문제를 고비용을 들여 수습케 하고 있다.

우리 사회는 이제 고속성장의 시대를 지나 평면적 성장기에 와 있다. 우리는 지금까지 우리 사회의 빠른 경제성장에 가려져 그 발전을 따르지 못했던 거꾸로 도는 뫼비우스가 얼마나 많은 소외감에 시달려 왔는지 잘 알고 있다. 그들과의 신뢰회복이 저비용으로 오늘의 정체성에서 벋어날 수 있는 빠른 길임을 알아야 한다.

뫼비우스의 띠는 뒷면이 없다. 이 단면만으로 이루어진 꼬인 평면은 수학과 예술, 그리고 수학과 문학의 조화를 이루어냈다. 이 띠 위의 세상처럼 모든 것은 서로 연관되어 존재한다. 이 사회의 갈등을 잠재우고 서로 어우러지는 절묘한 조화를 이끌어낼 방도를 찾아야 한다. 경제적 풍요로 우리의 미래가 축복되려면 대응되는 모든 것의 신뢰와 조화가 먼저 있어야 한다.

부산일보 2003. 10. 24.

---

[1] 뫼비우스(August Ferdinand Möbius,1790~1868): 독일출신 수학자로 라이프치히 대학교 출신. 주요 업적은 뫼비우스의 띠, 뫼비우스 변환, 뫼비우스 함수 등이 있다. 1816년 라이프치 대학교 천문대 관찰사와 천문학과 특별교수가 되었다. 1844년 엔 고등 역학, 고등 천문학 정교수로 임명되었다. 업적[편집]일반에게 가장 유명한 업적은 요한 베네딕트 리스팅과 같은 시기에 독립적으로 발견한 뫼비우스의 띠이며, 그는 주로 기하학과 역학의 연관성에 대한 연구를 했다.

[2] 빌(Max Bill,1908~1994) 17_막스 빌 Max Bill (1908-1994): 스위스 태생의 타이포그래퍼, 그래픽디자이너, 건축가, 조각가, 화가. 1920년부터 1930년대 혁신적 타이포그래피 원리에 기반을 둔 국제타이포그래피양식의 개척자. 수학적 사고에 바탕을 둔 예술을 건축과 조각뿐 아니라 타이포그래피를 통해서 전하고자함.

[3] 에셔(Maurits Cornelis Escher, 1898~1972): 네덜란드의 판화가. 기하학적 원리와 수학적 개념을 토대로 2차원의 평면 위에 3차원 공간을 표현으로 유명. 주요작품으로, 반사구를 들고 있는 손(Hand with Reflecting Sphere, 1935), 도마뱀(Reptiles, 1943), 손을 그리는 손(Drawing Hands, 1948), 상대성(Relativity, 1953), 폭포 Waterfall, 1961), 뫼비우스의 띠 II (Möbius Strip II, 1963) 등이 있다.

종달새와 나물바구니

조선 중기의 학자 서경덕(화담, 1489~1546)이 어렸을 때의 일화다. 어느 봄날 어머니가 그를 불러 나물을 캐오라고 시킨 일이 있었다. 하지만 어두워져 그가 돌아왔을 땐 바구니는 비어 있었다. 어머니가 이유를 묻자 "종달새가 땅에서 하늘로 날아오르는데 하루 종일 그 일을 생각했습니다." 라고 대답했다고 한다.

배고픔을 해결해야 할 나물바구니는 까맣게 잊어버리고 종달새의 비상에 끝없이 몰입되었던 이 유소년에 관한 일화는 새로운 것에 대한 추구와 현실 사이의 순서를 잘 표현해주고 있다. 종달새의 비상을 관찰하던 화담에 대한 이 기록은 현세를 살아가는 우리의 과학정신과도 다르지 않다. 과학정신의 본질은 당장 우리에게 필요한 것을 제공해주고 배고픔을 달래 줄 나물바구니를 채우는 일과는 다르다. 그것은 지적 호기심에 뿌리를 두고 있는 화담의 종달새와 같은 것이어야 한다.

우리는 노벨상을 두 번씩이나 받은 퀴리부부의 일화를 잘 알고 있다. 그들에 의해 발견된 새로운 원소 라듐(Ra), 폴로늄(Po), 악티늄(Ac)에 관한 이야기는 과학사에는 몇 안 되는 서사시적 사건이었음에 틀림이 없다. 그러나 이것이 후세에 원자력의 근본이 될 줄을 누가 알았겠는가. 이들이 참여했던 연구는 피치블렌드(pitchblende)라는 광석에서 방출되어 사진 건판을 흐리게 하고 기체를 통과시키면 전도성이 생기는 신비한 힘의 원천을 찾는 단순한 지적 호기심에 관한 것이었다. 이것은 화담의 종달새와 같은 것이다. 이것이 그 후 아인슈타인의 중요한 개념들을 만나 원자력시대의 초석이 되었지만 당초 이들의 목표는 오직 새로운 원소들의 원자성에 관한 일반적인 법칙을 발견하는 것이 전부였다.

과학은 일반적 진리의 발견 혹은 조작에 의해 체계화되고 축척된 지식이어야 한다. 과학의 일반적 진리는 결코 절대적 가치를 가지지 못하며 새로운 개념이 나타날 때까지만 존재하는 잠정적 진리에 불과하다. 따라서 과학의 일반적 진리는 결코 목표가 최종적으로 달성되지 않는다. 과학적 진리는 새로운 실험적 사실이 나타나고 새로운 이론이 완성되면 보다 단순하고 평범한 방향으로 항상 수정되어야 한다. 이 변화의 원동력은 바로 지적 호기심을 바탕에 두고 있다.

과거 10여년 사이에 우리의 과학과 기술은 눈부시게 발전했다. 그러나 과학이 발전할 때마다 종달새를 좇던 달콤한 꿈에 잠겼던 기초과학은 항상 소외감에 시달려야 했다. 그 결과 배고픔을 해결할 나물바구니는 채워졌지만 종달새는 여전히 혼자 외롭게 날고 있다. 새로운 것에 대한 추구와 현실 사이의 순서가 바뀐 것이다.

풍요로움이 이 사회를 지배하고 그 바탕에 있어야 할 지적 호기심은 외면당한 채 뒹굴고 있다. 이제 우리의 꽃피워 보지 못한 기초과학은 뿌리까지 시들어가고 우리의 나물바구니를 채워주던 이공계는 몰락이라는 지경에까지 내몰리게 되었다. 이것은 물론 시대의 흐름 속의 한 현상으로도 받아들일 수 있다. 그러나 이공계의 몰락은 과학자에 대한 인식과 믿음의 부족이 불러온 분명하고도 당연한 현상이다.

우리의 현실은 과학자에게서 나물바구니만을 강요하고 있다. 그러나 이제 나물바구니가 채워졌으니 어떻게 해야 하는가. 더 큰 나물바구니? 유감스럽게도 더 큰 나물바구니를 채우는 일은 지적 호기심에 바탕을 둔 화담의 종달새와 같은 것에서부터 시작됨을 명심해야 한다.

기초과학이 처한 오늘의 현실은 연구소건 대학이건 매우

어려운 애매성에 직면해 있다. 왜냐하면 순수한 지적 호기심에서 출발해야 할 기초연구는 자꾸만 내몰리고 연구소의 연구원은 정권이 바뀔 때마다 미래를 보장받기 위한 투사가 되어야 하기 때문이다. 민간연구소의 경우 이러한 어려움은 경기만 나빠져도 일어나는 구조조정 1순위의 자발적 현상이 된지 오래되었다. 이 속에서 어찌 종달새의 비상이라는 환상 같은 관찰이 이루어질 수 있겠는가.

참여정부 국정과제 중 하나인 "과학기술 중심사회 구축"도 과학자에 대한 믿음 없이는 이룰 수 없다. 종달새의 꿈에 잠긴 환상 같은 주제에서 우리 미래의 나물바구니를 채울 과학이 태동할 수 있음을 명심해야 한다. 과학자에 대한 믿음 없이는 노벨상도 우리에게는 하나의 환상일 뿐이다.

부산일보 2003. 09. 26.

적조와 황토

우리 연근해의 적조는 이제 거의 매년 여름마다 찾아오는 단골손님처럼 되어버렸다. 이 손님은 우리의 잘못으로 불러들인 불청객이니 인과응보라 아니할 수도 없다. 산업화와 도시화로 육지와 가까운 해안에는 질소(N)와 인(P) 화합물이 과잉 배출되었고 이 풍부한 영양분은 유감스럽게도 적조생물에게는 빠른 개체팽창과 확산의 원동력이 되고 있다.

원인은 달랐겠지만 적조는 오래전부터 사람과 바다생물에게는 두려움의 대상이었다. 해양학자 헬스티드(B Halstead)[1]에 의하면 구약시대 모세가 파라오에게 보인 첫 번째 재앙에서 모세가 지팡이로 물을 치자 바다가 붉게 변하고 고기가 떼죽음을 당했다고 하는 기술을 적조에 대한 최초의 기록으로 인용하고 있다.[2] 우리나라에서도 삼국사기에 신라 아달라왕 8년(AD 161) 바다가 붉게 변했다는 기록이 있는 것으로 보면 이 적조현상은 아주 오랜 역사를 가지고 있는 듯하다.

적조는 바다에 유해성 플랑크톤이 대량 번식하여 집적(集積)함으로 바다의 색깔이 붉게 변하고 어패류가 빈산소증(貧酸素症)으로 죽어가는 현상을 말한다. 그 피해를 막기 위해서 바다에 황토를 살포하는 것 말고는 다른 특별한 대안이 없다. 물론 화학적 방제도 가능하지만 아직은 득보다 실이 크다. 황토의 여러 구성과 적조에 대한 화학적 생물학적 작용은 그리 쉽게 설명할 수는 없으나 황토의 성분 중 산화철의 역할이 적조와 관련이 있다고 할 수 있다. 그러면 이 철산화물이 다량 포함된 황토를 바다에 살포하면 왜 적조생물이 사라지는 것일까?

여기에는 깊은 화학적 이유가 숨어 있다. 먼저 화합물을 만드는 창조과정의 첫 열쇠는 결합이라는 화학적 방법을 경유해야만 한다. 결합은 두 개의 원자 혹은 분자집단이 여덟 개의 전자를 공유하려는 경향성이 있음으로써 이루어지고 이 팔우설로 설명되는 요술 같은 숫자를 위해서 원자들은 주고받을 전자의 숫자를 결정해 서로 교환하는 과정을 거쳐 한 몸을 이룬다. 이것이 분자다. 아주 간단한 이치이지만 절묘한 자연의 섭리다. 그런데 이 분자들은 서로를 유혹하려는 성질도 있다. 마치 페로몬에 끌리는 암수와 같은 논리다. 적절한 표현이 될지는 모르지만 여기서 황토성분은 암놈의 역할을 하고 질소와 인을 주성분으로 하는 적조생물의 구성성분은 수놈의 역할을 한다.

그런데 이 서로 끌리는 과정은 이 경우 8전자규칙을 따르지 않고 이제 18전자규칙이라는 새로운 규칙을 따르게 되며 이 원리에 의해서 두 성분이 만나면 착물(錯物)이라는 새로운 화합물을 만들게 된다. 혹은 18전자규칙과는 상관없이 전자를 섞지 않고 서로 끌리는 성질만을 가질 수도 있다. 이 경우를 화학적 힘이라고 한다. 이렇게 산화철과 적조생물 사이에 결합 혹은 서로 끌어당기는 화학적 힘이 발생하여 한 개의 개체를 이루게 되고 이 적조생물에 둘러싸인 황토성분의 미립자는 무게를 이기지 못해 서서히 물 아래로 가라앉게 된다.

이런 현상을 좀 더 쉽게 풀이해 보면 생선의 비린내를 없애기 위해 쓰는 식초의 역할을 들 수 있다. 생선회를 먹을 때 쓰는 초장이나 생선탕에 넣는 식초는 이런 현상의 화학적 원인이 밝혀지기 전부터 우리의 조상들은 사용해왔다. 여기서 자극성 냄새를 가진 식초는 산의 역할을 하고 질소가 포함된 비린 냄새를 풍기는 아민(amine)종은 염기의 역할을 한다. 이렇게 냄새를 피우는 서로 다른 둘이 만나면 더 이상 냄새를 풍기지 못하는 안전한 염이 되어 바닥에 가라앉고 음식 맛은 향상된다. 삶의 무게에 짓눌려 살아가는 세상살이가 둘이 모여 살면 혼자일 때보다는 부자유스럽지만 안정된 삶을 사는 것과 비슷한 이치다. 이렇게 황토와 적조생물의 물속 만남은 지극히 자연스럽게 이루어지고 서로 만나 서서히 바닥에 도달하면 이것은 다시 바다 속의 토양으로 임무가 바뀐다. 이 과정에 인위적인 것은 없다.

신이 만든 자연은 언제나 아무런 문제가 없다. 그러나 자연 속에 세워진 인간세상은 항상 인간적 실수를 거쳐야 새로워진다. 적조도 우리의 실수에 대한 자연의 거부라 할 수 있으니 시행착오를 거치다보면 언젠가는 치료될 수 있을 것이다.

부산일보 2003. 08. 29.

---

[1] 핼스티드(B Halstead): 해양학자, 저서로는 Poisonous and Venomous Marin Animals of the World (1965)가 있다.

[2] 탈출기 7.20~21: 모세와 아론은 주님께서 명령하신 대로 하였다. 그가 파라오와 그의 신하들 앞에서 지팡이를 들어 나일 강 물을 쳤다. 그러자 나일 강 물이 모두 피로 변하였다. 강에 있는 물고기들은 죽고 강은 악취를 풍겨, 이집트인들이 강에서 물을 퍼 마실 수가 없었다.

이공계 공직자 등용

국가과학기술자문회의가 이공계 공직진출 확대방안을 마련한다고 한다. 반가운 일이다. 인력을 키우고 쓰는 일은 국가의 사업 중에서 가장 우선되어야 한다. 우리는 이 기회에 인재육성의 산실인 대학을 살펴볼 필요가 있다. 지금 우리의 대학은 많은 문제를 안고 있다. 스스로 변하지 못함은 물론이고 효율성 면에서도 낙제점 이하다. 지난 1970년대의 이공계 인기학과와 90년대의 인기학문분야는 판연히 다르다. 그리고 지금 가장 잘나가는 학문분야는 IT, BT 등 기존의 전공분류체계를 넘어선 6T 분야라고 하는 아리송한 전공들이다. 학문의 중심이나 접근방법은 이렇게 변해 가는데 대학은 새로운 세대를 위한 정책수립에서 매우 소극적이다. 지금은 수요가 급감된 분야의 인력이 변함없이 70~80년대 수준으로 배출되고 있는가 하면 새롭게 수요가 창출되는 분야의 인력양성에는 지극히 미온적이다.

학문의 축이 변하는 것은 산업의 변화에 따르는 사회적인 수요와 밀접한 관계가 있다. 지금 우리 사회는 대량생산에 의해서 지배되던 사회구조에서 점차 지식기반사회로 그 모양이 변하고 있다. 6T의 등장이 그것이다. 또한 지금까지 우리의 산업을 이끌어오던 대기업 중심의 축이 점차 클러스터(cluster)화하는 조짐들이 대학에서 이공계 인력의 육성을 위한 프로그램이 변해야 됨을 말하고 있다.

대학도 이제 사회의 변화를 좀 더 적극적으로 수용하는 능동적 자세가 필요하다. 대학은 국가의 인력수급계획의 기초적인 부분과 국가산업의 향방을 적어도 20~30년 후까지 예측하고 있어야 한다. 이공계 출신을 정부요직에 기용하겠다는 계획도 마찬가지다. 전문가에 의해서 예측된 미래의 모습이 투명하게 반영되어야 하기 때문에 이 계획의 도입이 반가운 것이다. 하지만 이 제도의 도입에 앞서 우리는 정부가 무던히 긴 세월 동안 사용해 왔던 인재등용법의 역기능도 고려해 볼 필요가 있다. 지식만을 테스트 받기 위한 수단으로만 이용되고 있는 현재의 고시정책이 이공계 전문직공직자 선발에 그대로 이용된다면 이 계획은 이공계고시원의 새로운 등장을 초래할 수도 있음을 경고해둔다.

고시의 폐해는 관련분야의 학문적 발전을 크게 저하시켜 왔다. 만약 이공계에도 그런 현상이 온다면 사회과학분야의 피해보다도 더 큰 역효과로 다가올 것이다. 공무원이 되기 위해서 이공계가 선택되어서는 안 된다. 이공분야의 전문인이 먼저고 그 다음 공무원이 되어야 한다.

여러 가지 방법이 있겠지만 이 인력정책의 목적을 달성하려면 이공계에 근본적으로 우수인력이 모이게 해야 하고 이들이 일정 수준 이상의 전문지식을 가진 다음 배출되게 하여야 한다. 그러나 지금의 이・공학사의 경우 전공에 따라 다르지만 분야별 깊은 전문지식을 가지기 전의 어설픈 상태로 졸업하는 경우가 대부분이다. 이들이 산업현장에 진출하여 흥미를 가질 수 없다는 것은 당연한 이치다. 이들이 공무원이 된들 지금과 무엇이 달라지겠는가. 산업은 점차 전문화되고 전문가만이 그 현장을 지킬 수 있다. 이공계 출신의 공직자 육성이라는 목표도 전문지식인 중심으로 고려되어야 한다. 그래야 이공계 전문직 공직자가 탄생될 수 있다. 더불어 정부는 지금까지 인재등용의 창구로 이용되던 고시제도를 이공계 공직자 등용법으로 그대로 사용해서는 안 된다. 이 제도의 모순점을 검토하고 그 성과를 극대화하기 위한 방안이 연구되어야 한다.

그 한 가지 방안을 추천한다면, 대학원 석사과정 이상을 졸업했거나 혹은 이에 준하는 전문가를 중심으로 이 제도가 고려된다면 대학원의 인력수급과 전문지식인의 공직진출이라는 두 가지의 목적을 동시에 해결할 수 있는 방법이 아닐까 한다. 우리의 미래는 과학만이 꼭 풍요와 행복을 보장하는 수단은 아니라고 할지 모른다. 그러나 과학자는 보다 나은 삶을 위해 말없이 노력해 왔다. 우리는 지난 농경사회가 천년의 시간을 두고 넘지 못했던 절대빈곤의 벽을 산업화로 20년 보다 짧은 기간에 넘어섰다는 교훈을 잊어서는 안 될 것이다.

이제 소득 2만 달러 시대의 꿈은 전문인이 주축이 되어 이루어질 것이다. 대학은 잠재력을 지닌 전문 인력을 배출하고 사회는 그 인력을 잘 수용하는 조화로운 사회의 건설에 이공계 공직자 등용이라는 제도가 일조하기를 기대해본다.

부산일보 2003. 08. 01.

순대와 소시지

전통시장의 먹을거리 골목에는 우리 고유의 순대가 대바구니 위에 담겨져 있고 슈퍼마켓의 잘 정돈된 진열대 위에는 소시지가 다른 모습으로 가지런히 쌓여 있다. 이 둘의 모습은 사뭇 다르지만 같은 조상에서 출발했다는 것을 아는 사람은 그리 흔치 않다. 동양에서 태어난 순대가 비단길을 따라 서역에 가서 모양을 바꾸어 우리에게는 다가온 것이다. 소시지가 얼마나 긴 세월을 보내어 지금의 모습이 되었는지는 모르지만 이 둘이 같은 조상이라 하기에는 다른 점이 너무 많다.

동양에서 태어나 비단길을 따라 서역에 가서 원래의 모양이나 기능이 크게 강화되거나 변하여 우리에게 다가온 것들은 많다. 도자기의 화려한 변신이 그러하고 중국인의 축제에 사용됐던 폭죽을 만들던 화약이 대포가 되고 미사일이 되어 다시 돌아 온 것이 그러하다. 그러면 우리 역사상에서 우리가 가졌던 초일류 기술들은 어떻게 되었을까? 이미 400년 전에 집대성된 동의보감은 얼마나 발전했으며 세계 최초의 철갑선인 거북선과 금속활자 그리고 측우기와 같은 초일류 첨단기술들은 지금 우리에겐 어떤 모습으로 남아있는가.

그들은 변하지 못했다. 그러면 우리가 보존하고 있던 기술들은 무수한 세월을 지나오면서도 변하지 않은 모습 그대로이거나 사라져버리고 없는데 서구로 간 우리의 신기술들은 왜 이렇게 발전될 수 있었는지 반문해 본다. 그것은 서구인들의 생활 속에 존재하는 기독교 신앙의 성경에 기초를 두고 있다고 볼 수 있다. 성경의 기술법은 지극히 객관적이다. 그 객관화된 방법이 그들의 신앙과 함께 생활화 되어있다는 것이다.

과학은 객관적 방법에 의한 기록에 의해서만 발전될 수 있다. 그렇다고 우리 민족이 객관적 기술법을 모르고 있었다는 말은 아니다. 서양의 역사기록이 대부분 지배자의 마음대로 쓰인 승자의 기술에 불과했다면 가장 정확한 기록이며 세계에서 단하나 밖에 없는 역사서인 조선왕조실록은 그 기술법이 매우 객관적이다. 역사의 기록은 그러하나 유감스럽게도 우리 과학의 기술은 그러지 못했다. 서구의 과학은 기술방법을 객관화시키는 데는 항상 인용된 내용이 기초가 됨을 밝히고 있다. 한마디로 뿌리를 밝혀 두었다는 것이다. 이들이 과학적 현상을 밝히는 방법을 객관화시키는 한 방편으로서 타인의 결과를 인용한 것이다. 이것은 타인의 결과를 바탕으로 새로운 지식이 다시 형성됨을 말하고 있다. 이 기술 방법은 기독교 문화권의 과학이 비과학적인 현상까지도 객관화시키고 있는 성경의 기술법, 즉 증언을 통한 사실의 규명을 선택했던 것이다. 현재도 학문을 기술하는 기술법은 성경의 기술법과 크게 다르지 않다.

객관화시킬 수 없는 과학적 현상은 한순간의 뉴스거리는 될지언정 과학적 현상으로 자리매김할 수는 없다. 우리의 역사에 나타났던 신기술들도 한때의 첨단 기술이었지만 그것을 기록하고 발전시키는 과정은 객관적이지 못했다고 할 수 있다. 현재도 많은 과학자들의 연구 결과가 비논리적 사고에서 벋어나지 못한 경우가 많다. 인간복제를 주장하던 그들은 지금 어디로 사라졌으며, 인간배아줄기세포를 생쥐의 배아에 착상시켜 탄생된 새끼 쥐에서 인간의 세포가 포함되었다는 발표는 실험적 결과를 객관화시키지 못해 무모한 과학자의 정돈되지 못한 행동으로 끝나고 말았다. 신문을 화려하게 장식했던 수많은 신약개발이 그러했고 이제 막 실험실에서 밝혀진 결과를 지금 당장에라도 응용될 수 있을 것으로 유도해

가는 언론의 비논리적인 생각이 그러하다. 과학적 진리의 궁극적인 평가는 그 결과에 모순이 없어야 한다. 과학정신의 상호관련성은 서로 모순된 결과를 똑같은 참된 진실로 받아들일 수는 없는 것이다. 객관성이 결여된 과학적 논리는 수정되어야만 한다.

우리 정부는 기회 있을 때마다 과학입국을 말하고 있다. 그러면 과학입국이란 무엇인가? 과학입국을 위해서 과학자가 당연히 앞장서야 하겠지만, 과학입국이 과학자만의 노력에 의해서 이루어질 수는 없다. 현재 정부에서 주도하고 있는 "과학기술중심 사회 구축"도 과학자만의 노력에 의해서는 불가능하다. 과학입국의 꿈은 국민의 과학적 사고가 기반이 될 때 이루어질 수 있는 꿈이다. 우리의 순대가 우리의 방법대로 변하게 하는 것은 교육을 통한 사고의 객관화가 이루어 질 때 비로소 가능하다. 긴 시간이 걸리더라도 그길 만이 최선이다.

우리의 동의보감이 400년이 지난 지금에도 의학도의 수정판 없는 교과서로 이용되어서야 되겠는가. 옛 성인의 말씀은 천년이 지나도 절대적 진리로 남아 있지만 과학의 일반적 진리는 항상 변해야 한다.

부산일보 2003. 07. 11.

졸업: 완성을 향해가는 여행의 시작

여러분이 교수와 마주 보고 앉자 공부하고 있을 때는 여러분은 제자의 신분이었습니다. 그러나 이제 졸업을 하고 교수를 등지고 세상을 향해 가는 여러분은 일꾼이 되어 가는 것입니다. 이 사회를 운영하는 경영자가 되어서 말입니다. 그러나 세상을 향해가는 여러분의 뒷모습을 바라보고 있는 교수들의 마음은 그리 편하지만은 않습니다.

그것은 여러분에게 요구해왔던 기대치를 미처 다 충족하지 못하고 떠나는 것에 대한 섭섭함에서가 아닙니다. 그것은 또 취업전선에서 자꾸 밀려가는 여러분의 구겨진 이력서 때문만도 아닙니다. 그것은 아마도 세상을 향해가는 여러분의 뒷모습을 쳐다보는 교수들의 마음이 이제는 '다 잘 해내겠지' 하면서도 마치 입영열차를 떠나보내는 부모의 마음처럼 그냥 허전해 오기 때문일 것입니다. 그 허전함은 아마도 여러분이 가서 살아야할 사회에 대한 막연한 불확실성과 예측불허의 일들에 대해 이제는 같이 고민해 줄 수 없기 때문일 수도 있습니다.

사회생활을 처음으로 시작하는 여러분에게 이 사회를 경영하는 구성원으로서 그리고 사회의 한 경영자로서 열심히 살아가라는 당부의 말에 앞서 이 사회는 혼돈스럽고 냉혹한 곳이라는 것을 먼저 일러주고 싶습니다. 이 혼돈스럽고 어지러운 세상이 바로 여러분이 기다리던 세상이고 또 여러분을 기다리고 있는 세상입니다. 어쩌면 여러분은 이 혼돈스럽고 어지러운 세상을 다스리는 방법을 터득해 보려고 우리와 함께 4년을 수고했는지도 모릅니다. 그러나 여러분이 이곳에서 보낸 4년의 시간은 전공과목 속에 숨어있는 소중한 보석을 캐기 위한 시간이었습니다. 여러분들이 경험했던 일부의 시간들은 스스로의 변화를 혼돈스럽게 지켜보는 과정이었을 수도 있습니다. 이 혼돈의 시간은 여러분이 이미 경험했던 소중한 가치이었으며 또 깊은 의미가 숨어있었습니다. 여러분이 4년 동안 대학에서 즐겨왔던 네 번의 축제시기를 한 예로 들 수 있을 것입니다.

대학에서의 축제는 그리스도교 문화권의 풍습에서 기원을 찾을 수 있습니다. 우리가 경험했던 그것은 성서의 기록에서 유래 되었다고 합니다. 즉 축제는 구약의 첫머리의 기록인 "태초에 말씀이 있어 어둠(혼돈) 속에서 빛이 창조되었다"는 창세기의 첫 구절에서 근거한 성서적 사건에 기원을 두고 있다는 것입니다. 이것은 혼돈의 시간이 지나야만 창조적 시간이 온다는 의미이기도 합니다. 바꾸어 말하면 혼돈은 창조를 위한 필요조건으로서 여러분의 학교생활은 창조적 사고에 접근하기 위한 초석을 제공하는 자리가 되었다는 것이었습니다. 축제의 시기에 처음으로 느꼈던 혼돈스러웠던 가치관의 변화가 쉽게 익숙해지기 어려웠던 문제였을 수도 있었을 것입니다. 그러나 이러한 축제를 여러분은 여러 번 경험했고 이를 통해 삶의 수많은 다양성과 고교 시절 긍정할 수 없었던 많은 세상의 일들을 다소나마 이해하게 되었을 것입니다. 그 혼돈의 시간 속에서 창조를 향해 떠나는 긴 여행의 시작이 졸업인 것입니다.

우리들의 익숙하지 못했던 만남과 헤어짐 통해 해맑던 젊음의 시간들은 그렇게 가을처럼 익어가고 그 속에 함께 머물러 있던 많은 일들은 이제 추억 속으로 보내져야 합니다. 인생의 새로운 목표를 세우고 설계해야 했던 사년의 시간들은 이렇게 지나가고 이제 우리는 서로를 바라다보며 아쉬워하고 있습니다. 졸업은 이런 모습으로 여러분 앞에 다가오고 있습니다. 마치 지난 가을의 빈 하늘을 쳐다보던 추억처럼 말입니다.

지금 여러분은 그동안 정들었던 학교를 떠나면서 지나왔던 시간들을 뒤돌아보며 아쉬워하고 있습니다. 여러분보다 먼저 살아온 사람들이 그러했듯이 말입니다. 그러나 그보다도 먼저 여러분의 앞에 이미 와 있는 세상을 똑바로 쳐다보아야 합니다. 정면으로 승부를 해야 한다는 것입니다. 뒤돌아보지 말고 뛰어야 합니다. 여러분이 정한 여러분의 목표가 보일 때 까지 말입니다.

여러분 앞에 놓인 현실이 두렵다면 여러분은 벌써 실패의 근성을 보이는 것입니다. 현실은 냉혹하게도 여러분에게 짧은 순간도 기다려 주어야하는 이유를 모릅니다. 왜냐하면 현실은 모두 한 방향으로만 진행되는 정지할 줄 모르는 조건 속에 있기 때문입니다. 이 시간지배형 조건(time dominated condition)은 여러분을 이런 냉혹한 세상으로 인도하고 있습니다. 불만스러운 투덜댐이 있을 수도 있겠지만 그것은 지금 막 출발선으로 진입하고 있는 여러분에게는 사치스러운 일인지도 모릅니다.

머뭇거리다가는 얼마지 않아 역사의 바퀴 속으로 사라지고 만다는 사실도 알아야 합니다. 시간을 다스리는 이 기계는 여러분을 기다릴 수 없기 때문입니다. 낙오자를 만들며 그렇게 달려갈 뿐입니다. 저 위쪽을 향해 말입니다. 먹이사슬의 위쪽은 지배자이고 그곳은 소수만이 존재하는 피라미드의 꼭대기기에 해당된다는 사실도 알아야 합니다. 여러분은 지금 그곳을 향해 가고 있습니다. 여러분이 정녕 가고 싶지 않다고 해도 여러분을 태운 운명의 마차는 여러분을 그곳으로 인도하고 있는 것입니다. 앞도 뒤도 없는 운명이라는 뫼비우스의 마차는 여러분을 싣고 그렇게 달려가고 있습니다. 행복이라는 목적지를 향해서 말입니다.

행복하게 사는 것은 정말 중요하지요. 그래서 세상 사람들은 모두 행복해지려고 한답니다. 그러나 행복이라는 비밀은 잘 풀리지 않는 인간의 멍에이자 쉽게 잊어버리는 망각 같은 것이지요. 행복이라는 비밀은 이세상의 모든 아름다움을 볼 수 있으면서 동시에 손에든 숟가락 속에 담긴 기름 두 방울도 잊어서는 안 되는 여행 같은 것이라고 현자는 정의합니다(코엘료의 연금술사 중에서). 정말 산다는 것은 이러한 이중성에 충실할 수 있어야 하지요.

화학을 공부한 여러분에게는 이중성이라면 수도 없이 들어왔던 입자일 수밖에 없지만 동시에 일정한 주파수를 가지고 음직여야 하는 파동과 같은 것이지요. 현대과학은 또 이런 이중성의 논리를 겸손하게 수용하고 있습니다. 그렇다고 이 입자성과 파동성이라는 진리가 20세기의 과학자에게 그냥 그 시대의 자식으로 받아들여지게 되었던 것은 아니었지요. 많은 풍상(風霜)의 세월이 입자를 찾아내고 다시 파동이라는 움직임을 만들어냈다는 것을 알아야 합니다. 그래서 입자(粒子)이면서 동시에 파상(波狀)으로 존재하는 미시적(微視的) 사차원의 세계, 여기에 이중성이 있습니다. 여러분이 지나왔던 사년의 세월도 이런 이중성 속에 존재하고 있었음을 알아야 합니다.

너무나 난해했던 추억밖에 없는 이 이중성의 논리를 지금 졸업하고 떠나는 우리의 등 뒤에다 대고 또 이야기하십니까? 하는 여러분의 음성이 내 귀에 들려오는 듯합니다. 그러나 이제 이것을 우리가 살아가야 할 세상의 이야기로 바꿔야합니다. 이 이중성은 행복이라는 멍에 속에 가두어둔 우리의 진실 같은 것이라는 말이지요.

지금 여러분이 살고 있는 이 시대는 기성세대가 살아왔던 시대상황과는 많이 다릅니다. 여러분은 지금 산업혁명이 지배하던 시대의 끝자락에 와 있습니다. 항상 역사의 변혁기에는 혼돈이 자리 잡고 있었지요. 그 혼돈은 새로운 질서의 산실이며 오늘을 시작하는 여러분에게 적용되는 것 일 수도 있습니다. 클러스터로 변화되어가는 산업현장이 그것이며 지금까지는 알려지지 않았던 작은 일자리들의 어지러운 출현이 바로 그것입니다. 이렇게 아직 잘 정돈되지 않은 많은 현실이 여러분 앞에 와 있고 여러분은 그 속에서 꿈을 실천하며 살아야 합니다.

그러나 여러분에게 교육했던 교육방법은 산업혁명으로부터 이어져오는 해묵은 지난세상을 살아야할 방법들에 관한 것이었지요. 그렇다고 실망하거나 두려워할 필요는 없습니다. 새로운 세상을 위한 차세대교육방법은 아직 정해진 것은 하나도 없으니까요. 하지만 그 교육법도 전연 엉뚱하거나 허황되지는 않을 것입니다. 그것은 아마도 세월이 지나가면 조금씩 세상의 변화에 따라 확립될 수 있을 것이기 때문입니다. 교육은 이런 모습으로 항상 세상의 변화와 필요에 따라 조금씩 변하게 되는 것입니다.

여러분이 4년 동안 공부해왔던 화학은 21세기에도 지배학문으로서 자리를 지켜가겠지만 변화되고 있습니다. 학문이 세상과 접하는 접점이 이동하고 있다는 것입니다. 화학은 이제 재료라는 분야를 도입하여 새로운 세기의 주축이 되는 학문으로 발돋움 할 것이라는 견해를 미래 학자들은 지난세기 말에 이미 예견해 왔습니다. 그러나 지금 우리가 느끼는 현실은 화학 관련 업종의 쇠퇴와 엉뚱하게도 화려하게 등장하는 IT, BT, CT 등 6T산업의 등장입니다. 이들은 모두 표면에 나타난 현실일 뿐입니다. 그 뒷모습은 화학이 바탕이 되어 주지 못하면 한 발짝도 움직일 수 없습니다. 화학산업은 그런 모양으로 대량생산의 위치에서 소량 다품종 그리고 고부가가치 산업으로 자리를 바꾸고 있습니다.

그러기 위해서는 화학은 몸소 많은 변화를 겪어야 했고 그 거대하고 화려했던 전성기의 모습들은 작고 가벼운 모습으로 단장해야 했습니다. 그 첫 번째 변화가 나노(nano)라는 모습으로 단장한 것입니다. 그러나 나노의 세상은 어제 오늘 우리에게 갑자기 혜성처럼 나타난 현상은 아닙니다. 그것은 오랜 화학의 역사 뒤에 숨어 있던 우리의 뒷모습이었을 뿐입니다. 그것이 전면으로 나온 것입니다. 연지 찍고 꽃단장하고 앞으로 나오니 세상이 모두 다 변한 듯하지 않습니까.

지금까지 화학자들은 모든 것의 근본에 접근하려고 노력해 왔습니다. 화학이라는 학문은 볼 수 없는 대상을 두고 다듬어진 학문이어서 논리적 사고로만 접근 할 수 있는 학문이라 생각해 왔습니다. 논리적이라 자부하던 그들은 그들의 생각들을 나누고 또 나누어 결국은 원자 속으로 자기들의 생각을 집어넣었습니다. 그 속에서 과학자들이 발견했던 것은 놀랍게도 원자보다 더 작은 아원자(亞原子, subatom)라는 존재였습니다. 아원자란 전자나 양성자 같은 원자의 구성요소들이지요. 과학자들은 너무나 즐거웠습니다. 왜냐하면 2500년 전부터 돌턴의 시대(Dalton; 1766-1844)까지 원자는 더 이상 나눌 수 없다는 생각이 지배해왔지만 이 가설에서부터 물질의 구성하는 근본적인 힘은 원자보다 더 작고 아무도 볼 수 없었던 아원자 즉 소인국(Lilliputian)의 병정들과 그들의 왕국 같은 세상에 존재한다는 것을 발견했기 때문입니다. 소인국의 세상, 이것은 스위프트(Jonathan Shift, 1667-1745)가 걸리버 여행기(Travels into the remote nations of the world, 1726년)를 통해서 제시하고자 했던 이상향이었지요. 걸리버의 눈에 보였던 세상은 인간의 세상에 있는 질서와는 다른 질서로 움직이고 있다는 것이었습니다. 이것은 19세기말 과학자들이 원자들을 들여다보고 있는 모습과 매우 비슷한 현상이었지요. 과학자의 추리와 문학자의 이상이 현실 속에서 만나는 순간이었지요. 그런데 정말로 이 둘은 오랫동안 이웃하며 살아온 형제같이 비슷한 점이 많았던 것입니다. 과학자들이 발견한 이 형상은 작고도 무한히 작은 원자라는 존재 속에서 희미한 실루엣(silhauette)으로 드러내 보였기 때문입니다. 이것은 걸리버의 소인들과 매우 흡사하다는 생각이었지요.

과학자들은 그들의 실체를 확인하려고 많은 수고를 했습니다. 그러나 과학자들에게 희미하게 보이던 이것들은 그 속내를 결코 보여주지 않고 안개 너머로 자꾸만 숨어들었습니다. 과학자들은 온갖 논리들을 다 동원해 안개속의 희미한 모습을 설명해 보려고 노력했습니다. 그러나 이 원자라는 릴리푸트(Lilliput)들은 결코 그들의 속내를 보여주지 않았습니다. 왜냐하면 그들은 인간세상의 것이 아니었기 때문이었습니다. 아마 그들이 자기의 속내를 보여 주려고 했어도 인간은 그들을 볼 수 없었을 것입니다. 그들은 그들만의 세상이 있었습니다. 그것은 인간이 경험할 수 없는 딴 세상의 것이었습니다. 마치 걸리버의 소인국처럼 말입니다.

과학자들은 이들의 희미한 모습을 그리워하기 시작했습니다. 애타는 모습으로 말입니다. 그러다 이 실루엣을 향한 과학자의 열정은 속 타는 짝사랑으로 변하고 말았습니다. '불러도 대답 없는 이름이여….'와 같이 말입니다. 자칫하면 그 짝사랑은 영원히 이룰 수 없다는 생각에 가물거리며 사라져가는 원자들을 과학자들은 이제 따뜻한 가슴이 아닌 차가운 논리적 이성으로 접근하기 시작했습니다. 왜냐하면 그들은 인간의 세상의 것이 아니라는 것을 뒤늦게나마 알았기 때문입니다. 그들의 세상은 허수(imaginary)의 세상이었지요. 허수가 지배하는 세상, 그 속의 세상은 우리 것이 아닙니다. 그들만의 세상이지요.

드디어 과학자들은 이 맹랑하고 장난스러운 아원자의 세상을 탐험하는 긴 여행을 통해 그들은 지금까지는 듣지도 보지도 못했던 이론과 쉽게 이해할 수 없는 논리들을 수도 없이 쏟아내기 시작했습니다. 그러다가 양자이론이며 불확정성원리와 같은 애매하고 철학적 논리를 적용해 가며 사랑하던 여인의 모습을 설명해 보려고 애를 쓰기 시작했던 것입니다. 얼굴은 누굴 닮았고 허리는 세요(細腰)에다 가슴은 어떻고 등 등… 열심히 밑그림을 그려 보았지만 인간의 두뇌는 그들의 행동반경의 지극히 작은 부분마저도 접근 할 수가 없다는 것을 연구결과라고 털어놓고 말았습니다. 정말로 서글픈 일이었지요.

이제 원자라는 릴리푸트(Lilliput)로부터 철저히 외면당해버린 학자들은 이 부수어지고 깨어진 조각들을 다시 모아들여 전체를 보려고 하고 있습니다. 마치 미워하며 갈기갈기 찢어버린 옛 애인의 사진을 주워 모아 추억처럼 들여다보듯 말입니다. 그들은 원자들을 모으고 분자들을 모아서 거시적(巨視的, macroscopic) 존재로 만들었습니다. 이 거시적 존재는 형상으로 볼 수 있는 계측기 속에서 과학자들이 사랑했던 옛 연인의 모습으로 어렴풋이 자기모습을 보여주고 있습니다. 이 다시 찾은 옛사랑 앞에 이제는 고분고분하며 겸손할 수밖에 없는 과학자들은 이성과 감성의 어지러운 생각 속으로 점점 빠져들고 있습니다. 이것이 나노의 접근방법입니다. 이 나노에 대한 접근방법에는 과학자들의 애절한 사랑이 담긴 이성과 감성의 어지러운 사고가 한목을 하는 현실관과 같습니다.

그래서 '니나노'가 되어가는 것이지요. 그것은 과학자들이 이제 즐겁게 **니**(너)도 **나**도 **노**래하며 접근한다는 보편타당성 있는 나노의 현 주소를 이야기하고 있습니다. 나노가 지배하는 세상이 가까운 시기에 오고야 말 것입니다. 즐거운 노랫가락과 함께 말입니다. 나노과학은 지금까지 여러 갈래로 나누어졌던 분야가 서로 협동하지 않으면 이룰 수 없는 꿈입니다. 우리의 화학적 접근방법도 이제 새로운 방법이 있어야 합니다. 지금까지 원자와 분자의 접근방법에 맞추어 쪼개고 쪼개던 방법들을 조합시키는 학문의 접근법이 필요하다는 것입니다.

돌이켜 보면 여러분은 지난 4년 동안 이렇게 원자와 분자의 세상에 존재하는 가장 작은 릴리푸트들의 꿈을 좇아 달려왔습니다. 여러분이 찾아 헤매던 원자와 분자라는 미시세계는 지금도 많은 부분이 안개상자속의 실루엣처럼 희미하게 가려진 채 남아있습니다. 그러나 여러분이 보지도 만지지도 못했던 이 작은 세상을 들여다보며 그 속에 푹 빠져있던 사년 동안 화학이라는 자연과학의 한 장르는 지극히 정상적인 방법으로 여러분이 사회로 접근하는 자연적 방법을 교육했던 것입니다. 우리가 상대해서 공부했던 대상은 지금 생각해보면 대단히 정직했던 짝사랑 같은 것이었습니다. 그 정직했던 방법들이 이제 이 혼돈스러운 사회로 가는 여러분에게 아마도 새로운 세상사는 현명한 방법을 제공해 줄 것입니다.

이제 새롭게 세상살이를 시작하는 여러분은 정말로 현명하게 살아가는 방법이 과연 무엇이라고 생각하는지요. 이제 이 혼돈스럽고 각박한 세상을 바로 보고 다스리는 방법은 여러분의 숙제입니다. 4년을 수고해서 여러분이 얻어낸 여러분의 방법으로 해결해야하는 숙제 말입니다. 한마디로 답할 수는 없지만 감추어진 보화처럼 길잡이가 되는 힘이 있겠지요. 그것은 여러분이 여러분의 전공과목을 들쳐가며 터득했던 숨겨진 방법이지요. 아무리 보려고 해도 바닥을 보여주지 않던 전공과목이라는 우물을 내려다보며 터득해낸 겸손이라는 해법 말입니다. 이제는 겸손되이 옛사람들의 지혜를 따라야하지요.

얼마 전 '섬기는 리더 예수(Servant Leader Jesus)'라는 책을 읽었습니다. 저는 2000년 동안을 교회를 경영해온 그리스도의 경영방식은 과연 무엇이었을까 하는 의구심을 떨칠 수가 없어 끝까지 이 책을 읽었습니다. 이 책에 제시한 삶의 방법은 책의 제목으로 제시한 섬김(servant)에 있었습니다.

우리의 속담에 권불10년(權不十年)이요 부자는 삼대를 가지 못한다고 했습니다. 그리고 로마는 오백년 동안 세워지고 오백년 동안 망했다고 하지 않습니까. 그러나 그리스도의 교회는 2000년 동안 유지되어왔고 현재도 잘 경영되어가고 있습니다. 그 그리스도의 경영방식은 과연 무엇이었을까요.

2000년을 경영해온 그리스도교의 철학은 바로 섬김에 있었습니다. 남을 지배하려면 철저하게 지배해야할 대상을 섬기라는 것입니다. 낮아지고 또 낮아지는 생활태도는 그리스도교의 근본정신으로 성경에 도처에 기술되어 있습니다. 낮아지는 섬김이 2000년을 경영해온 그리스도교의 근본정신인 것입니다. 마치 작아지고 작아져서 원자의 작은 세계로 우리의 생각을 집어넣고 터득해낸 자연의 섭리처럼 말입니다.

공자님께서도 그와 아주 비슷한 말씀을 제자들에게 하고 있습니다.

"하늘이 장차 사람에게 큰일을 내리려 할 때는

반드시 그로 하여금 마음을 아프게 하고
뼈를 고달프게 하고
몸을 굶주리게 하고
그의 삶을 궁핍하게하고
그의 생활을 어지럽게 하여 마음을 움직여
그로 하여금 부족한 바를 채우고 보태도록 한다." 하셨습니다.

이것이 바로 공자의 익겸(益謙:겸손이 이익이 됨)의 가르침입니다. 세상 사람의 입에 회자되는 성공이라 하는 것은 겸손하지 않으면 풀이할 수 없는 인간의 조건 같은 것이지요.

예수의 경영기법은 섬김에 있고 그 방법은 지도, 지시, 지원 그리고 위임 이라고 합니다. 이러한 네 가지 방법에 의해서 이천년의 역사를 거슬러 교회를 지켜왔습니다. 공자의 경영기법도 낮아지는 생활습관이 없이는 지도자가 될 수 없다는 교훈이 숨어있지 않습니까. 작아지고 낮아지는 생활태도는 여러분을 성공으로 이끌 수 있을 것입니다.

세상은 이런 정신으로 리더가 되려는 프로(pro)들의 것입니다. 생각하면서 뛰는 섬기는 리더의 프로다운 정신으로 살아가십시오. 그러나 그 '섬김'의 방법이 그저 방법론적인 것에 그치고 만다면 그것은 사금파리가 되고 마는 것입니다. 사금파리는 처음 순간에 금강석보다 더 빤짝일 수 있지만 영원할 수는 없는 것이지요. 섬기는 방법은 진정 섬기는 마음이어야 합니다.

둘째로 성공한 사업가들에 대한 이야기 입니다.

일본 경제인 연합회가 20세기의 성공한 사업가들의 공통점을 조사한 적이 있었다고 합니다. 성공한 사업가들의 공통성은 그들의 기질이나 능력과 같은 기대했던 특성이 아니라 그들의 과거에 있었던 특별한 경험에 공통점이 있다는 결론을 내렸다고 합니다.

그 경험이란 첫째, 사업에 실패하여 죽기를 작정했던 사람. 둘째, 큰 병을 앓아 목숨을 잃기 직전에 죽음으로부터 극적으로 탈출한 사람. 셋째, 일찌감치 잦은 실패와 좌절을 경험한 꼴찌인생이라는 것이었다고 합니다. 이 조사 결과가 의미하는 것이 과연 무엇일까요. 좌절이나 실패는 평범한 사람들에게만 오는 것이 아니라 성공한 사람들의 특별한 메뉴였으며 이들은 실패나 좌절을 잘 딛고 일어선 사람이라는 것입니다. 사업에 실패해 죽으려고 했던 사람이 다시 도전한다면 어떤 마음으로 살아갈까요. 극적으로 병마에서 탈출한 사람이 가지는 강인한 삶을, 그리고 잦은 실패로 다시는 실패하지 않겠다고 이를 악물고 달리는 인생역전의 드라마를 한번 상상해

보시길 바랍니다. 그들은 실패함으로서 성공한 사람들입니다. 하지만 진정으로 실패한 사람들은 실패로 말미암아 실패하고 마는 사람들 입니다. 두 종류의 사람은 다 같이 실패했지만 그 실패를 통해서 배우고 분석해서 교훈으로 삼은 사람은 성공할 수 있으며 실패를 실패로만 대했던 사람은 실패한 사람이 된다는 교훈입니다. 실패는 모두에게 오는 것입니다. 그러나 실패에 대처를 어떻게 하느냐에 따라 성공할 수도, 실패한 인생이 될 수도 있는 것입니다. 우리 인생은 작은 실패와 좌절의 연속적 사건들로 모아져 있습니다. 이런 어려움들을 다스리며 사는 것이 우리의 세상살이 입니다. 그러나 큰 실패와 좌절은 우리의 인생에서 큰 변화를 줄 수 있는 강력한 에너지임을 기억해야 합니다. 즉 위기의 순간은 내가 변하지 않으면 헤쳐갈 수 없다는 메시지이자 곧 성공의 계기가 된다는 것을 명심해야 합니다. 언젠가 우리 인생을 되돌아볼 때 "위기의 순간을 성공으로 이끌어 준 것이 바로 실패였노라"는 것을 말 할 수 있어야 할 것입니다.

끝으로 인생은 A 학점이라는 결과가 아니라 A학점을 받기 위해 가는 과정입니다. 공자는 일흔이 되어서는 무엇이든 하고 싶은 대로 하여도 법도에 어긋나지 않았다(七十而從心所欲 不踰矩) 라고 했습니다. 이 말은 인생이 법도에 어긋나지 않게 살려면 70세가 넘어야 한다는 말입니다. 그렇다면 공자께서는 73세에 세상을 떠나셨는데 고작 병들고 지친 말년의 3년을 살기위해 70년을 살았다는 것입니까. 임어당은 그의 저서 "에세이 공자"에서 이것은 공자의 인생 전체를 의미한다고 지적하고 있습니다. 그것은 70년을 사는 과정의 하루하루가 무엇보다도 중요하다는 것을 의미하고 있습니다. 나의 목표를 실현하기 위해서는 바로 내 인생의 과정에 충실한 자가 되어야합니다. 여러분이 살아가는 하루하루가 모여 여러분의 역사가 되는 것입니다.

여러분이 지금 인생이란 답안지를 작성할 수는 없습니다. 지금 우리는 인생이라는 노트위에 무엇인가 적어보려고 하고 있습니다. 그러나 여러분이 먼 훗날 여러분의 삶을 돌아보며 "우리의 삶이 아마도 수많은 세상 사람들의 삶과 그리 다르지 않게 그런 세상을 살아왔지"하며 빛바랜 사진첩을 들추어 가며 살아왔던 과거의 추억을 후손에게 이야기 할 때쯤이면 인생에 대해 무어라 답할 수 있겠지요. 추억은 뫼비우스 같은 것이니까요

여러분의 건투를 빕니다.

2012. 12.

형님

한해가 다시 지나갑니다. 뒤돌아보니 긴 세월이 소리 없이 흘러가버렸습니다. 부산에서 생활한지가 벌써 30년이나 되었으니 말입니다. 오늘처럼 이렇게 스산할 겨울하늘이 마음을 짓누를 때면 30년 전 형님과 함께 살았던 뮌헨의 회색하늘이 생각납니다. 저가 독일에 처음으로 도착하던 날도 회색하늘에서는 진눈개비가 내리고 있었습니다. 처음 접한 이국의 겨울풍경도 무척이나 생소했는데 눈이 쌓인 하얀 길을 마치 털북숭이 강아지처럼 생긴 신발을 신고 눈길을 걸어가던 뮌헨 사람들의 무리와 아침이면 한손엔 식빵을 들고 한손엔 담배에 불을 부처든 아가씨들이 저의 기숙사 앞을 지나 올림피아젠트룸(Olimpiazentrum)의 지하철역으로 뛰어 가던 출근길의 풍경은 저에게 무척이나 생소했습니다. 그런가 하면 루이드폴드(Luidpold)공원을 천천히 산보하던 할머니들의 멋쟁이 모자와 얼굴을 살짝 가린 하얀 레이스를 한 고풍스러운 정장차림도 이제껏 저에게는 잊히지 않는 추억으로 남아있습니다. 슈바빙(Schwabing)의 버드나무길가에서 눈을 맞으며 그림을 그리던 외국인의 언 손과 바이올린을 연주하던 연주자를 쳐다보던 멋쟁이 할머니의 눈물과 하얀 손수건은 지금도 잊히지가 안네요.

저와 뮌헨의 첫 조우는 그렇게 새로운 것들에 대한 어색한 만남으로부터 시작되었습니다. 그러나 얼마간 세월이 흐르고 엉클어진 머릿속이 좀 정리가 되고나니 저도 그들과의 생활에 스스로 빠져들 수밖에 없었습니다. 그리고 겨울이면 눈이 하얗게 쌓인 공원길에 펼쳐진 눈밭 사이를 서툰 솜씨로 크로스컨트리를 타곤 했지요. 젊은 시절 정말로 행복했고 모든 어려움을 다 잊을 수 있는 순간들이었습니다. 그렇게 차디찬 겨울의 눈밭에서 시작한 뮌헨(München)생활은 그 후 6년 동안이나 계속되었습니다. 많은 것이 변해버린 긴 시간을 저는 한 공간에 갇혀 새로운 것을 향한 설레는 마음으로 살아야 했습니다. 그 시간들은 혼자 그린 그림위에 다시 덧칠을 하고 또 덧칠을 해야만 했던 긴 기다림이었습니다. 그런 기다림의 시간은 이제는 지나온 날들에 가려 저에게 아름다운 추억이 되어주고 있습니다.

지금쯤 뮌헨시청 앞 마리아 광장에서는 아기예수시장(Kristkindlmarkt)이 열리고 달콤한 랩쿠헌(Lebkuchen) 향과 함께 시작되던 크리스마스 축제가 시작되었겠네요. 그리고 글뤼바인(Gluehwein)의 따뜻하면서 이국적인 맛은 지금도 잊히지가 않네요. 이 크리스마스 시기엔 실험실도 거의 문을 닫고 알프스로 스키여행을 떠나는 사람들의 행렬이 이어지는 시기였지요. 그들은 가족과 크리스마스 축제를 지낸 다음 가까운 알프스의 티롤(Tirol)지방으로 여행을 가는 것이 그 때는 일반적이었어요. 남아 실험실을 지키던 실험실 동료들은 파크카페(Park Caffee)에 모여 창밖에 펼쳐진 설원을 감상하곤 했지요. 정말 그리워지는 순간들입니다.

그런데 많은 날들이 우리를 뒤에 두고 한 순간처럼 지나가버리는 것 같아요. 저는 이 크리스마스 축제가 지나면 지금까지 지켜왔던 학교를 떠나야합니다. 정년퇴임입니다. 생각해보면 30년이라는 긴 시간은 저의 가장 젊고 아름다운 시간들이었습니다. 정들었던 이곳을 떠나면 아마도 기쁨과 아쉬움이 내 마음 깊은 곳으로 밀려올 것입니다. 이제 이 동산에 무수히 많은 추억과 초롱초롱한 눈망울을 가진 아이들과 이곳의 가파른 언덕사이로 내가 사랑했던 많은 것들을 두고 떠나야 합니다.

이제 저는 저의 생각들을 담아두었던 추억의 화석 속에서 무언가를 찾아야 합니다. 그 빈 바구니에는 아마도 긴 세월에 말라 푸석푸석해진 추억들만 담겨져 있겠지요. 그 푸석거리는 추억 속에 가두어둔 지난날들을 생각하며 이제부터라도 잘 늙어야 할 텐데 하며 위로를 보냅니다. 그러나 어제 떠오른 태양은 우리를 남겨 두고 가버리지만 바로 그 자리에서 또 내일의 태양이 떠오르지 않는 법이지요. 저도 이제는 저가 지금껏 사랑하며 지켜왔던 모든 중심에서 점차 비켜서고 있다는 것을 알고 있습니다. 태양이 그렇게 지나가는 것처럼 말입니다. 언제부터 이런 이야기가 자연스러운지 조금은 슬퍼지네요. 그리고 젊은 시절 읽었던 이에츠(Yeats)를 읽어봅니다.

"그대 늙어 머리 희고 난로 가에 앉아
졸게 되거든 이 책을 꺼내 보세요.
그리고 천천히 읽으며, 한때 그대 눈이 지녔던
그 부드러운 눈길이며 깊은 그늘을 생각해요.

얼마나 많은 사람들이 그대의 다정하고 우아했던 시절을 사랑했고 그대의 아름다움을 거짓 혹은 진실함으로 사랑하였던가를.

다만 한 남자가 그대 순례자의 영혼을 사랑하였고
그대 변하는 슬픈 얼굴을 사랑하였던 것을.

그리고 빛나는 창가에 고개 수그려
조금은 슬프게 중얼거려요
어떻게 사랑이 달아났고 높은 산을 거닐며
별들의 무리 속에 그의 얼굴을 감추었는가를"

만일 누가 "네 인생에서 화학이 무엇이었냐"고 묻는다면 저는 "설렘"이라 답하겠습니다. 뛰어나게 아름다운 화학을 만들어 간 것도 아니고 세상이 알아줄만한 일을 해낸 것도 아닙니다. 그렇지만 저의 화학인 으로서의 인생은 항상 기대와 설렘이었습니다. 그 설렘은 때로는 한 아름 가득한 행복으로 다가올 때도 있었지만 때로는 긴 기다림이기도 했습니다. 성실하게 살아왔던 시간들은 밀물과 같이 왔다 다시 썰물처럼 사라져가고 있습니다.

저는 수선화 이야기라는 저의 이야기를 모아보았습니다. 왜 수선화냐고요? 수선화는 집념이 승화한 꽃이지요. 아름다움에 대한 집념 말입니다. 이 수선화이야기는 화학인으로 살아왔던 저의 편린들을 모아 두었기 때문입니다.

이제는 저에게도 자유로운 시간이 올 겁니다.

2013. 12.

저자소개

김정균 (金貞均, Chungkyun Kim)

• 교육

1970-1977. 성균관대학교 화학과 (BS)
1978-1980. 성균관대학교 화학과 (MS)
1980-1986. Ludwig-Maximilians Universitaet München, Germany (Dr.rer.nat. by Prof. N. Wiberg)

• 경력

1986.09-2014.04. 동아대학교 교수
1993.10-1996.02. 동아대학교 기초과학 연구소장
1998.09-2002.08. 재단법인 동아대학교 학술연구지원재단 이사
2005.01-2008.06. International Silicon Symposium Committee 부회장
2007.01-2007.12. 대한화학회 무기분과회 회장
2007.01-2008.12. 대한화학회 이사
2007.01-2008.12. 대한화학회 학술위원
2008.06-2010.08. 유기규소연구회 회장
2009.03-2011.02. 동아대학교 자연과학대학장

• 상벌

2001. 10. 우수논문상 (대한화학회)
2002. 11. 학술상 (동아대학교)
2007. 10. 문화상 (부산시)

• 논문

I. Thesis

(MS) Reduction of Thiopyrlium Cation by Alkali Metal, 1980, Sung-Kyun Kwan University, Seoul, Korea.

(Dr) Darstellung und Reactivität der Ungesättigten Germaniumverbindungen, $Me_2Ge=C(SiMe_3)_2$ und $Me_2Ge=N-SiR_3$, 1986, Munich University(LMU), Germany.

II. Publications

1. Reactivity of Thiopyrylium Compound: Reduction of Thiopyrylium Cation by Alkali Metal-Evidence of Thiabezene Radical, W.-C.Joo, C.Kim, *Bull. Korean Chem. Soc.* 1 (1980) 75.
2. Erzeugung und Nachweis des Germaethens $Me_2Ge=C(SiMe_3)_2$, N.Wiberg, C.Kim, *Chem. Ber.* 119 (1986) 2966.
3. Reactivitaet des Germaethens $Me_2Ge=C(SiMe_3)_2$, N.Wiberg, C.Kim, *Chem. Ber.* 119 (1986) 2980.
4. Erzeugung von Silan- und Germaniminen $Me_2Ge=NR(E=Si,Ge)$ aus Sila- und Germadihydrotriazolen, N.Wiberg, P.Karampatses, C.Kim, *Chem. Ber.* 120 (1987) 1203.
5. Speiherung von Silan- und Germaniminen $Me_2E=NR(E=Si,Ge)$ In Form von Sila-und Germadihydrotetrazolen, N.Wiberg, P.Karampatses, C.Kim, *Chem. Ber.* 120 (1987) 1213.
6. Reaktivitaet von Silan- und Germaniminen $Me_2E=NR(E=Si,Ge)$, N.Wiberg, P.Karampatses, C.Kim, *Chem. Ber.* 120 (1987) 1357.
7. Polymerization of Germanimine $Me_2Ge=NSiMe_3$, C.Kim, S.-Y.Chung, *J. Korean Chem.* Soc. 34 (1990) 503.
8. Unsaturated Germanium Compounds, C. Kim, *Prog. Chem. & Chem. Industry* 30 (1990) 452.
9. Generation and Reactivity of Silaethene $Cl_2Si=CHCH_2{}^tBu$, C.Kim, *J. Korean Chem. Soc.* 37 (1993) 220.
10. Preparation of Germyltriflate, C. Kim, E. Park, B.-Y. Son, *J. Korean Chem. Soc.* 38 (1994) 336.
11. Regioselective Lithiation of a-Methylpyridine Analogue and its Trapping Reaction with Me_2RSiCl ($R=Me,{}^tBuCH_2(Me_3Si)CH$), C.Kim, E.Park, B.-Y.Son, *J. Korean Chem. Soc.* 38 (1994) 570.
12. Thermal Decomposition Reaction of 2-Silylmethylpyridine Analogue, C.Kim, E.Park, B.-Y.Son, *J. Korean Chem. Soc.* 39 (1995) 481.
13. Preparation of Silane Dendrimer (I), C.Kim, D.-D.Sung, D.-I.Chung, E.Park, E.Kang, *J. Korean Chem. Soc.* 39 (1995) 789.
14. Preparation of Silane Dendrimer (II), C.Kim, E.Park, E.Kang, *J. Korean*

Chem. Soc. 39 (1995) 799.

15. Preparation and Reaction of Silyltriflates, C.Kim, I.Jung, E.Park, K.Joo, *J. Korean Chem. Soc.* 39 (1995) 783.
16. Preparation of Organosilane Dendrimer Containing Allyl End Groups, C.Kim, E.Park, E.Kang, *Bull. Korean Chem. Soc.* 17 (1996) 419.
17. Synthesis and Characterization of a Carbosilane Dendrimer Containing Allylic End Groups, C.Kim, E.Park, E.Kang, *Bull. Korean. Chem. Soc.* 17 (1996) 592.
18. The Formation of Dendritic Silane on Polycarbosilane, C.Kim, *J. Korean Chem. Soc.* 40 (1996) 347.
19. Preparation and Polymerization of Alkenylsilanes, C. Kim, S. K. Choi, E. Park, I. Jung, *J. Korean Chem. Soc.* 41 (1997) 88.
20. Preparation of Carbosilane Dendrimers Based on Siloxane Tetramer, C.Kim, K.An, *Bull. Korean Chem. Soc.* 18 (1997) 164.
21. Preparation and Termination of Dendritic Carbosilanes Based on Siloxane Tetramer, C.Kim, *Main Group Metal Chem.* 20 (1997) 143.
22. Preparation and Termination of Carbosilane Dendrimers Based on A Siloxane Tetramer as a Core Molecule, C.Kim, K.An, *J. Organomet. Chem.* 547 (1997) 55.
23. Termination of Dendritic Carbosilane Polymer with Phenylacethylene, p-Phenylphenoxy and p-Bromophenoxy Groups, C.Kim, *Main Group Metal Chem.* 21 (1998) 9.
24. Silane Arborols; XV: Dendritic Carbosilane Based on Siloxane Tetramers, C.Kim, A.Kwon, *Synthesis* (1998) 105.
25. Synthesis of Carbosilane Dendrimers Based on Tetrakis(phenylethynyl) silane, C.Kim, M.Kim, *J. Organomet. Chem.*563 (1998) 43.
26. Preparation and Termination of Carbosilane Dendrimer Based on Siloxane Tetramer, C.Kim, E.Park, *J. Korean Chem. Soc.* 42 (1998) 277.
27. Preparation and Identification of Dendritic Carbosilanes Containing Allyloxy Groups Derived From 2,4,6,8-Tetramethyl-2,4,6,8-Tetravinyl-cyclotetrasiloxane $(Me(CH_2{=}CH)SiO)_4$ and 1,2-Bis(Triallyloxysilyl)Ethane $((CH_2{=}CHCH_2O)_3\ SiCH_2)_2$, C.Kim, Y.Jeong, I.Jung, *J. Organomet.Chem.*

570 (1998) 9.

28. Termination of Carbosilane Dendrimers Based on Hexaallylethylenedisilane as Core Molecules, C.Kim, Y.Jeong, *Main Group Metal Chem.* 21 (1998) 593.
29. Preparation of Dendritic Carbosilanes with Peripheral Ethynldicobalt Hexacarbonyl Tetrhedrane C_2Co_2, C. Kim, I. Jung, *Inorg. Chem. Commun.* 1. (1998) 427.
30. Synthesis of Dendritic Carbosilanes by the use of Hyperbranched Polymer, C.Kim, S.Kang, E.Park, *J. Korean Chem. Soc.* 43 (1999) 393.
31. Preparation of Dendritic Carbosilanes containing Ethynyl groups and Dicobalt Hexacarbonyl Clusters on the periphery, C. Kim, I. Jung, *J. Organomet. Chem.* 588 (1999) 9.
32. Dendritic Carbosilanes Containing Hydroxy Groups on the Periphery, C, Kim, S. Son, B. Kim, *J. Organomet. Chem.* 588 (1999) 1.
33. Preparation of Dendritic Carbosilanes Containing Propagyloxy Groups, C.Kim, J.Park, *Synthesis* (1999) 1804.
34. Progress Toward Limiting Generation of Dendritic Ethynylsilanes, C.Kim, K.Jeong, I.Jung, *J. Polym. Sci. A: Polym. Chem.* 38 (2000) 2749.
35. Synthesis of Layered Dendritic Carbosilanes, C.Kim, S.K.Choi, B.Kim, *Polyhedron* 19 (2000) 1031.
36. Preparation of Ethynylsilane Dendrimers, C.Kim, I.Jung, *J. Organomet. Chem.* 599 (2000) 208.
37. Preparation of Double-Layered Dendritic Carbosilanes, C.Kim, S.Son, *J. Organomet. Chem.* 599 (2000) 123.
38. Synthesis of Double-Layered Dendritic Carbosilanes used on Allyloxy and Phenylethynyl Groups, *J. Polym. Sci. A: Polym. Chem.* 38 (2000) 764.
39. Carbosilane Dendrimers Based on Siloxane Polymer, C.Kim, S.Kang, *J. Polym. Sci. A: Polym. Chem.* 38 (2000) 724.
40. End-Capped Carbosiloxane Dendrimers with Cholesterol and Pyridine Derivatives, C.Kim, J.Park, *J. Organomet. Chem.* 629 (2001) 194.
41. CO Gas Sensor based on a Conducting Dendrimer, B.W.Koo, C.K.Song, C.Kim, *Sensors & Actuators B* 77 (2001) 432.

42. End-Capped Carbosiloxane Dendrimers with Benzoxazole, Quinoline and Pyrone Derivatives, C.Kim, E.Park, *J. Polym. Sci. A: Polym. Chem.* 39 (2001) 2308.
43. End-Capped AB_3-Type Hyperbranched Carbosiloxane Macromolecules, C.Kim, H.Kim, *J. Polym. Sci. A: Polym. Chem.* 39 (2001) 3287.
44. Ferrocene End-Capped Dendrimer: Synthesis and Application of CO Gas Sensor, C.Kim, E.Park, C.K.Song, B.W.Koo, *Synthetic Metals*, 123 (2001) 493-496.
45. Preparation, Identification and Application of Dendritic Carbosilanes, C.Kim, *Phosphorus Sulfur And Silicone and The Related Elements*, 168 (2001) 339-340.
46. End-Capped Carbosilane Dendrimer, Hyperbranched Polymer and Staff-Type Dendritic Polymer, C.Kim, *Macromolecular Chemistry Symposium Series (Synthesis And Application Of Advanced Polymeric Materials)*, 14 (2001) 20-28.
47. Electrical Properties and Fabrication of Dendrimer LB Films Containing 48 Pyridinealdoxime Functional End Groups, S.B.Jung, S.-Y.Yoo, Y.-S.Kwon, E.Park, C.Kim, *J. Korea Phy. Soc.*, 40 (2002) 132-135.
48. Synthesis and Characterization of End-Functionalized Carbosiloxane Dendrimers, C.Kim, H.Kim, *J. Polym. Sci. A: Polym. Chem.*, 40. (2002) 326-333.
49. Staff-Type Dendrimer: End-Functionalization of Dendronized Siloxane Polymer Me_3SiO- (MeSiHO)N-$SiMe_3$, C.Kim, K.Kwark, *J. Polym. Sci. A: Polym. Chem.*, 40. (2002) 976-982.
50. Conducting Behavior of Carbosilane Dendrimers including Palladium ions, C.Kim, B.W.Koo, S.B.Lee, C.K.Song, *Macromolecular Research* 10 (2002) 178-180.
51. Pyridine End-Functionalized Polysiloxane Dendrimer, C.Kim, K.Kwark, *Main Group. Met. Chem.* 25 (2002) 473-476.
52. Crown-Ether End-Capped Carbosiloxane Dendrimers, C.Kim, H.Kim, *Bull. Korean Chem. Soc.* 23 (4) (2002) 637-639.
53. Application of Dendrimer as a New Material for Electrical and Optical

Devices, C.K.Song, B.W.Koo, C.Kim, *J. Appl. Phys*. 41 (2002) 2735-2738.

54. Monolayer Properties of a 4-Pyridinealdoxime-Containing Carbosilane Dendrimer, T.Y.Lee, E.Park, B.-J.Lee, E.M.Son, C.Kim, Y.-S.Kwon, *Mol. Cryst. Liq. Cryst.* 377 (2002) 161-164.
55. A Silyl Ether Network Langmuir-Blodgett Film from a Carbosilane Dendron, E.Park, E.M.Son, B.-J.Lee, C.Kim, *KIEE International Transactions on EA,* 12C-1 (2002) 38-41.
56. End-Capped Dendritic Ethynylsilane with Ferrocene, Amine and Pyridine Derivatives, C.Kim, I.Jung, C.K.Song, B.W.Koo, *Main Group Met. Chem.* 25 (2002) 561-565.
57. Dehydrocoupling and Diels-Alder Reaction on Siloxane Polymer, C.Kim, K.Kwark, *J. Polym. Sci. A: Polym. Chem.* 40 (2002) 4013-4019.
58. Organosilicone based dendrimer, C.Kim, *Poly. Sci. & Tec.,* 13, (2002) 623.
59. Effects of Complex on Electrical Properties of LB Films Using Dendritic Macromolecules, H.-K.Shin, J.M.Kim, Y.-S.Kwon, E.Park, C.Kim, *Optical Mater.* 21 (2002) 389-394.
60. Optical behavior and surface morphology of azobenzene functionalized dendrimer in Langmuir and and Langmuir-Blodgett monolayers, K.Shin, J.M.Kim, Y.-S.Kwon, E.Park, C.Kim, *Optical Materials* 21 (2002) 389-394.
61. 2,2:6,2-Terpyridine and Bis(2,2,:6,2-Terpyridine)ruthenium Complex on the Dendritic Periphery, C.Kim, H.Kim, *J. Organomet. Chem.*, 673 (2003) 77-83.
62. Interaction of a pyridil terminated carbosiloxane dendrimer with metal-ions at the air water interface, B.-J.Lee, S.-H.Kim, C.Kim, H.-K.Shin, Y.-S.Kwon, *KIEE Inter. Trans,* 3C (2003) 216-219.
63. A study for luminescent properties of OLEDs using Alq2-Ncd as an emitting layer, H.-C.Yoon, K.-S.Yang, H.-K.Shin, B.-S.Kim, Y.-S.Kwon, C.Kim, *Mol. Cryst. Liq. Cryst.* 405 (2003) 97-103.
64. Fabrication and electrical properties of dendrimer Langmuir-Blodgett film, S.-B. Jung, S.-Y.Yoo, C.Kim, Y.-S.Kwon, *Jpn. J. Appl. Phy.* 42 (2003) 2434-2437.

65. Fabrication and electrical properties of dendritic macromolecule thin films based metal complexes, S.-B.Jung, C.Kim, Y.S.Kwon, *Thin Sol. Film,* 438 (2003) 27-32.
66. Diels-Alder Reaction of Anthracene and N-ethylmaleimide on the Carbosilane Dendrimer, C.Kim, H.Kim. K.Park, *J. Organomet. Chem.*, 667 (2003) 96-102.
67. Fabrication of Azobenzene terminated Dendrimers and Application to Photo-switching Devices, H.C.Yoon, H.K.Shin, C.Kim, Y.S.Kwon, *Syn. Met.*, 137 (2003) 1427-1428.
68. Effect of Complex on Electrical Properties of LB Films using Dendritic Macromolecules, S.-B.Jung, S.-Y.Yoo, C.Kim, Y.-S.Kwon, *Syn. Met.* 135-136 (2003) 75-76.
69. Characterization of self assembled dendrimers on Au(111) substrate by scanning probe microscopy, K.-H.Jung, H.-K.Shin, C.Kim, Y.-S.Kwon, *Materials Science and Engineering: C.* 24 (2004) 177-180.
70. Electrical properties of G4-48Azo dendrimer containing azobenzene functional groups, S.-B.Jung, K.-S.Yang, S.-Y.Yoo, C.Kim, B.-J.Lee, Y.-S.Kwon, *Materials Science Forum* 449-452 (2004) 913-916.
71. Diels-Alder Reaction with Anthracene and Quinone Derivatives on Dendritic Periphery, C.Kim, H.Kim, K.Park, *J. Polym. Sci. A: Polym. Chem.* 42 (2004) 2155-2161.
72. Diels Alder reactions and identification on carbosilane dendrimer, C.Kim, K.Lim, C.K.Song, *J Organomet Chem.* (2004) 690, 3278.
73. Synthesis of hyperbranched carbosiloxane macromolecule with triallyloxysilane and application to the dendritic core, C.Kim, H.Kim, *Comptes Rendus Chimie,* 7 (2004) 503.
74. Electrical properties and fabrication of G3-16[TYP-Ru-TYP] dendrimer thin film, S.-B.Jung and Y.-S.Kwon, C.Kim,-B.-J.Lee, *J. Kor. Phys. Soc.* 44 (2004) 125-128.
75. Diels-Alder reaction on Grafted Polysiloxane and Cylindrical Carbosilane Dendrimer, C.Kim, K.Kwark, C.K.Song, *Appl. Organomet. Chem*19 (2005) 108.

76. Photoluminescent Properties of Hypercoordinated Carbosilane Dendrimer, K.S.Yang, H.Kim, H.-K.Shin, Y.-S.Kwon, C.Kim, *Syn. Met.* (2005) 269-272.
77. Farnesyl Dendrimers: A New Approach to the Synthesis of Carbosilane Dendrimer Containing Stem-Type Functional Groups, C.Kim, H.Kim, *Synthesis* (2005) 381.
78. Diels–Alder reaction of anthracene on grafted polysiloxane and cylindrical carbosilane dendrimer, C.Kim, H.Kim, *Appl. Organometal. Chem.* **19** (2005) 108–11.
79. Morphology properties of self-assembled dendrimer on Au(1 1 1) using tapping mode atomic force microscopy, K,Jung, H.-K.Shin,Y.S.Kwon, C.Kim, *Colloids and Surfaces A*: 257–258 (2005) 191–194.
80. Photoluminescent and electroluminescent investigations of OLEDs using Alq2–Nq, K.-S.Yang, H.-K.Shin, C.Kim, Y.-S.Kwon, *Colloids and Surfaces A:* 257–258 (2005) 63–66
81. Preparation and Diels–Alder reaction of carbosilane dendrimer with conjugated diene, C.Kim, H.Kim, K.Park, *J. Organomet. Chem.* 690 (2005) 4794–480
82. Diels–Alder reaction of anthracene on carbosilane dendrimer, C.Kim, K.-I.Lim, C.K.Song, *J. Organomet. Chem.* 690 (2005) 3278–3285.
83. Chiral(Iminophosphoranyl)ferrocenes: A New Class of Practical Ligands for Rhodium -Catalyzed Asymmetric Hydrogenation, T.T.Co, S.C.Shim, C.S.Cho, T.-J.Kim, S.O.Kang, W.-S.Han, J.Ko,C.Kim, *Organometallics* 24 (2005) 4824-4831.
84. Synthesis and Morphological properties of terpyridine-platinum-pyridine complexes on the dendritic periphery, C.Kim,K.-H.Jung, H.Kim, Y.-S.Kwon, *Syn. Met.* 153 (2005) 269-272.
85. End-Capped Silole Dendrimers on a Carbosilane Periphery: Potential Electroluminescent Materials, H.-J.Son, W.-S.Han, H.Kim, C.Kim, C.Lee, S.O.Kang, *Organometallics* 25 (2006) 766-774
86. Photoluminescence and Electroluminescence Characteristics of Benzoxazole Dendrimers, O.-K.Kwon, B.-S.Kim, C.Kim, *Mol. Cryst. Liq. Cryst.,*

463(2007) 297-306.

87. Synthesis of silafluorene on dendritic periphery, C. Kim, W. Seo and M.-J. Oh, *Bull. Korean Chem. Soc.*, 28 (2007) 1963-1966.
88. Organosilicon dendrimers, Chungkyun Kim, *화학연구원, 2008, 09. 20. (24회 뉴스레터 전문가리뷰)*
89. Nano Gate Dielectrics for Low Voltage Operation of Organic Thin Film Transistors, K.D. Kim, D.Kim, C.Kim, and C.K.Song, *Japanese Journal of Applied Physics* 47 (2008) 6496-6501.
90. C.Kim, Chapter 6 Silyl Ether Containing Dendrimers with Cyclic Siloxane Cores in *P. R. Dvornic, M. J. Owen (eds.), Silicon-Containing Dendritic Polymers Voll 2. ⓒ Springer Netherlands, (ISSN 1875-3108, ISBN: 978-1-4020-8173-6(print), 978-1-4020-8174-3(online)) p105-119 (2009)*
91. Preparation and unequivocal identification of chromophores-substituted carbosilane dendrimers up to 7^{th}generations, C.Kim, H.Kim, M.Oh, and J.Hong, *Bull. Kor. Chem. Soc. 30* (2009) 878-881.
92. Investigation of the monolayer LB film properties of a silsesqioxane hybrid containing phenyl groups using SPM, J.Lee, G.Sung, C.Yang, D.Shin, C.Kim, Y.Kwon, *Thin Solid Film* 518 (2009) 829-834
93. Preparation of Benzothiazole Substituted Carbosilane Dendrimers up to the 7^{th}Generation, C. Kim, H.Kim, *Molecules,* 14 (2009) 1605-1613.
94. Carbosilane and Carbosiloxane dendrimers, *Molecules,* 14 (2009) 3719-3730.
95. Preparation of Carbosilane dendrimers with Perfluorosilane branches, *Bull. Kor. Chem. Soc.* 33 (2012) 678.
96. Encapsulation of Chromophore by Carbosilane Dendritic Branches, D.-H.Kim, C.Kim, *Bull. Kor. Chem.* Soc. (2013) in preparation.

III. Patents (특허)

1. 실린더형 폴리실옥산 덴드리머, 특허등록번호: 10-0427810-0000 (등록일 2004. 04. 07)
2. 알코옥시 작용성 그룹을 포함한 폴리실옥산 화합물, 특허출원번호: 2001-30917 (출원일 2001. 60. 01.).

3. 실옥산 폴리머, 특허 등록번호: 10-0572365 (등록일2006. 04. 12).
4. 유기주석화합물 및 그 용도, 특허등록번호: 0481461 (등록일2005. 03. 28)
5. 카보실란 덴드리머의 표면에서 터피리딘-백금착물 합성법, 특허출원번호: 10-2002-0047184
6. 카보실란 덴드리머의 표면에서 터피리딘-루테늄-터피리딘 착물의 합성법, 특허출원번호: 10-2002-0047186
7. Naphtaquinone 유도체와 naphtacenedione 유도체를 이용한 전자발광 물질의 제법, 특허출원번호: 10-2002-0047187
8. 파네실 덴드리머의 합성법, 특허등록번호: 0534077 (등록일2005. 11. 30)

수선화 이야기

2014년 5월 26일 초판1쇄 인쇄
2014년 5월 30일 초판1쇄 발행

지은이 김 정 균
발행인 이 길 안

발행처 **세종출판사**
부산광역시 중구 흑교로71번길 12 (보수동2가)
Tel.(051)463-5898 Fax.(051)248-4880
E-mail. sjpl@chol.com

출판등록 제02-01-96

ISBN 978-89-6125-793-0 03810

값 8,000원